UN RECORRIDO POR LOS CIELOS Y SUS MARAVILLAS

Un recorrido por los cielos y sus maravillas

Emanuel Swedenborg

Versión Abreviada de
Donald L. Rose

Traducción de
Sylvia Montgomery Shaw

ff

Swedenborg Foundation Press
West Chester, Pennsylvania

Título original: *Afterlife: A Guided Tour of Heaven and its Wonders*
Abreviación por Donald L. Rose, 2.ª edición: 2008, de la obra *Heaven and its Wonders and Hell* / Emanuel Swedenborg

Library of Congress Cataloging-in-Publication Data:
    Swedenborg, Emanuel, 1688-1772.
    [De coelo et ejus mirabilibus. Spanish. Selections]
    Un recorrido por los cielos y sus maravillas / Emanuel Swedenborg ; versión abrevida de Donald L. Rose; traducción de Sylvia Montgomery Shaw.
            p. cm.
    ISBN 978-0-87785-425-8 (alk. paper)
    1. Future life--Christianity. 2. Heaven--Christianity. 3. Hell--Christianity. I. Rose, Donald L. II. Title.
    BX8712.H56 2010
    236'.24--dc22
            2009054167

Diseño Gráfico: Karen Connor
Edición de Patricia Peacock

Manufactured in the United States of America

Swedenborg Foundation Publishers
320 North Church Street
West Chester, PA 19380
www.swedenborg.com

Contenido

Notas de la traductora

Durante un verano de sol y lluvia en la altiplanicie de México, leí por primera vez *El cielo y sus maravillas y el infierno*. Acababa yo de cumplir dieciocho años. Recuerdo que vacilé entre escepticismo y asombro, nunca imaginándome el impacto tan profundo que tendría esta lectura en mi vida. Ahora, cuarenta y dos años después, tengo el gran honor de haber traducido al español *Afterlife: A Guided Tour of Heaven and Its Wonders*, que es la forma abreviada de esta obra tan maravillosa. La he titulado *Un recorrido por los cielos y sus maravillas*, puesto que Swedenborg nos asegura que Dios, en su misericordia, ha creado tan grandiosa variedad en el cielo como en la tierra.

Tengo dos esperanzas para la presente edición: que como traductora haya sido fiel al texto, y que el lector encuentre ideas que le ayuden en su travesía espiritual.

Soy hija de todas las religiones que aman a Dios y al prójimo. Nací de madre mexicana y católica, y de padre norteamericano y protestante que tomó votos como sacerdote en la iglesia ortodoxa. Mis padres nos enseñaron a nosotros sus hijos a buscar a Dios en todas las religiones, incluso en las que no son cristianas. Esta certeza de que Dios nos ama y nos protege a todos—cristianos y gentiles, creyentes y ateos— la he visto bellamente desarrollada en las obras de Swedenborg. Una de sus ideas que aprecio más y más con el paso del tiempo es la siguiente:

"El cielo es tal que todos los que viven el bien, por medio de cualquier religión, tienen hogar allí" (La Divina Providencia 330).

Invito, pues, al lector a entrar sin temor y a llevarse lo que le sea útil a su espiritualidad.

También le recuerdo, como traductora, que traducir ideas de un idioma a otro inevitablemente acarrea algunas dificultades. Muchas veces no hay sinónimos exactos, o ciertas palabras abarcan por su contexto cultural mucho más de lo que se puede traducir en el lenguaje de otra cultura. Además, algunas palabras, como formas orgánicas, suelen cambiar dentro de la misma cultura en cuanto a su uso. En esta traducción del inglés al español, encontré tres palabras en particular que quisiera mencionar y aclarar para el lector.

1. *Affectio,* término latín de fundamental importancia para las obras de Swedenborg. No hay una sola palabra ni en inglés ni en español que abarque el término en toda su riqueza de significados. Puede traducirse como "afecciones". Sin embargo, en su uso contemporáneo, esta palabra ha llegado a denotar algo totalmente diferente a lo que Swedenborg tenía en mente. Al lector contemporáneo de español, afecciones le hace pensar en "enfermedades" o en "quejas". Swedenborg definitivamente no usa el término en este sentido sino en su forma clásica, *abarcando una multitud de significados.* La palabra *afecto* se aproxima al significado que Swedenborg tiene en mente, pero no lo alcanza en su complejidad. Usualmente, decimos que le tenemos afecto a alguien. Pero tenerle cariño a alguien no abarca la pasión a la que se refiere Swedenborg: pasión no sólo en su sentido romántico, sino pasión por todo género de intereses que el mundo nos inspira; pasión que nos motiva. En efecto, cuando Swedenborg afirma que cada

NOTAS DE LA TRADUCTORA   xi

ser humano es su *afecto*, profundiza el uso del término. Bien podría decirse que somos lo que amamos, o que somos lo que más profundamente nos *afecta* o nos *motiva*. Utilizo, pues, el término "afecto" o "afectos," pidiéndole al lector que mantenga en mente esta aclaración esencial.

2. La Palabra. Para Swedenborg, ésta es su denominación preferida para *la Biblia*.

3. El Señor. Dios, que en forma humana es el Señor Jesucristo.

Nótese también que para citas bíblicas utilicé *La Biblia Latinoamérica*, Editorial Verbo Divino, edición revisada 2005.

Por último, quisiera agradecerles a Estela Porter Seale, a Roberto Salinas Price, y a Patricia Straulino Peacock la ayuda editorial que me proporcionaron tan generosamente.

—Sylvia Montgomery Shaw

Introducción

LA HISTORIA DEL LIBRO
El cielo y el infierno

En 1758, Emanuel Swedenborg llevó a Londres un manuscrito sobre sus experiencias en el cielo y en el infierno, e hizo arreglos para que se publicaran mil ejemplares. El libro estaba escrito en latín (y la autoría era anónima), pero al poco tiempo el libro se hallaba en varios países y fue traducido a un idioma tras otro. Actualmente, por ejemplo, se puede comprar una lujosa versión en japonés en Tokio, y una versión en ruso en Moscú. Cada país en donde se lee el libro tiene su propia historia interesante que en general se refiere a traducciones hechas voluntariamente por individuos que llevaron a cabo esta tarea como si fuera una especie de servicio para el público.

Aquí nos centramos en la versión escrita en inglés y en su introducción a Norteamérica.

Los primeros lectores del libro en Inglaterra eran personas eruditas que podían leer la versión original escrita en latín. Algunos de ellos eran personas acomodadas. William Cookworthy (1705–1780), fundador de la industria británica de la porcelana, es un ejemplo de ello. Al principio, Cookworthy se sintió indignado de que un libro pretendiera describir la vida después de la muerte. Pero después de leerlo decidió tomar a su cargo la tarea de compartir con otros esta obra tan intrigante. Se la enseñó al distinguido ministro Thomas Hartley (1709–1784), cura de Winwick. Hartley también decidió que el libro era valioso y colaboró con Cookworthy en su traducción al inglés.

La impresión de esta primera versión en inglés les costó a Hartley y a Cookworthy 100 libras esterlinas. Así que en 1778, veinte años después de la impresión del original en latín, los lectores ingleses tenían a la mano *Heaven and its Wonders and Hell, From Things Heard and Seen*. Pero ¿cómo llegaron a Norteamérica los ejemplares en inglés?

Esto ocurrió porque el capitán de un buque era dueño de un ejemplar de *El cielo y el infierno* en latín. Durante un viaje trasatlántico, el capitán conoció a un pasajero escocés que tenía buen conocimiento de las lenguas antiguas. El capitán le enseñó al escocés un ejemplar del libro tan excepcional. Era el año 1781, y el nombre del pasajero escocés era James Glen.

He aquí un relato de lo que ocurrió en medio del Atlántico:

> En cuanto el señor Glen hubo leído el libro y hubo sopesado cuidadosamente su contenido, se quedó asombrado, primero por la índole de la información que ese libro imparte; y en segundo lugar, por la bondad de la Divina Providencia que inesperadamente lo había puesto en una situación tan peculiar, que mientras paseaba sobre la superficie del océano, se le reveló la profundidad de la verdad divina en lo alto y a su alrededor. El señor Glen declaró que ese día fue el más feliz de su vida, que así le permitió avistar las glorias del estado celestial y las realidades estupendas del mundo eterno.[1]

---

[1] Hindmarsh, Robert. *Rise and Progress of the New Jerusalem Church in England and America* (London: 1861), 17.

Cuando Glen llegó a Inglaterra, se enteró de que el libro había sido traducido al inglés, y se propuso introducirlo en Norteamérica. Un embarque de libros fue enviado a la Librería Bell's, en Filadelfia, donde Glen dio el primer discurso público de promoción del testimonio de Swedenborg, el 5 de junio de 1784. Entre aquellas personas que fueron a escucharlo estaba Francis Bailey, amigo y vecino de Benjamín Franklin. Bailey era impresor, y fue el primero en publicar un libro de Swedenborg en los Estados Unidos. Otro hombre que asistió a la conferencia de Glen fue John Young, un abogado que alcanzaría prominencia como juez en el oeste de Pensilvania. Cuando éste se fue de Filadelfia, se llevó un abasto de libros. Se hizo amigo de un hombre emprendedor que se llamaba John Chapman, y pudo darle ejemplares de *El cielo y el infierno*.

Chapman (que llegaría a ser conocido por su apodo de Johnny Appleseed, o Juanito Manzanas) era un sembrador que distribuía capítulos de *El cielo y el infierno* a los colonizadores, en sus cabañas, cuando iba en camino por la región fronteriza de los estados centrales. Regalando unas cuantas páginas cada vez, Johnny podía iniciar en la lectura de esta obra a personas que quizá no hubieran leído todo el libro, y éste era un modo de darles una idea de lo que él llamaba "La buena noticia recién llegadita del cielo". Aquellos individuos receptivos a la buena noticia a menudo sentían el impulso de compartirla con otros, y algunos colaboraron para llevar esto a cabo. En 1849 se estableció una organización cuyo propósito se expresaba con estas doce palabras: "Para fomentar una mayor circulación de las Escrituras Teológicas de Emanuel Swedenborg". La organización se llamó Sociedad Norteamericana Swedenborg de Impresión y Publicación (The American Swedenborg Printing and Publishing Society). En 1928 se le cambió el nombre a Fundación Swedenborg (the Swedenborg Foundation).

LA EDICIÓN ACTUAL

A través de los años, la Fundación Swedenborg ha mantenido los escritos de Swedenborg impresos y al alcance del público, y *El cielo y el infierno* ha sido la más popular de sus obras. Sin embargo, hasta el año 2002 la traducción que se había usado con más frecuencia había sido realizada más de un siglo antes. En 2002 se publicó una nueva traducción de *El cielo y el infierno* en una edición grande y espléndida, provista de notas de eruditos y presentada en un inglés moderno más accesible. Aunque fue un **gran éxito,** el tamaño del tomo les pareció enorme a algunos lectores. Por consiguiente, para poder satisfacer la demanda de una edición más pequeña, la Fundación publicó la Edición Portátil con letra más pequeña, la cual fue bien recibida, particularmente por aquellas personas que estaban distribuyendo el libro en el extranjero. ¡Pero la edición "portátil" tenía más de 400 páginas! La Fundación Swedenborg, deseosa de eliminar barreras a la accesibilidad de este libro, se vio motivada a encomendar una versión menos larga. El resultado es este libro, *Un recorrido por los cielos y sus maravillas.*

Empleando la traducción de *El cielo y el infierno* que George Dole realizó para la New Century Edition of the Works of Emanuel Swedenborg (La Edición Nuevo Siglo de Las Escrituras de Emanuel Swedenborg), *Un recorrido por los cielos y sus maravillas* contiene citas directas de *El cielo y el infierno;* mas son citas selectivas, no la obra completa. Cada capítulo ha sido abreviado, y algunos han sido omitidos por completo. Además, hay un cambio importante en la secuencia del libro. El original tiene tres secciones: la primera sobre el cielo, la segunda sobre el estado intermedio inmediatamente después de la muerte, y la última sobre el infierno. No obstante, el presente volumen empieza con el estado inmediatamente después de la muerte y luego prosigue con el cielo y el infierno, que es la secuencia que sigue un espíritu en la vida ulterior.

Entonces, el lector encuentra primero un capítulo sobre el mundo de los espíritus, que es "adonde llegamos primero después de morir". Éste describe las experiencias del alma al despertarse en el mundo espiritual. La siguiente sección, que es la principal, trata aspectos específicos del cielo mismo. (En el texto completo de *El cielo y el infierno*, la sección sobre el cielo contiene cuarenta y tres de los sesenta y tres capítulos del libro.) Puesto que los primeros cinco capítulos del libro original han sido omitidos en esta edición, proporciono aquí un resumen de su contenido:

El primer capítulo expresa la declaración fundamental de que el Dios del cielo es el Señor Jesucristo. Él y "el Padre" son uno. Él tiene "todo el poder en el cielo y en el mundo". (Mateo 28:18.) Manifiesta que él es la resurrección y la vida, y declara: "Yo soy el camino, la verdad y la vida".

El segundo capítulo indica que, aunque el cielo está formado por ángeles, la naturaleza Divina del Señor es lo que verdaderamente constituye el cielo. Por esta razón, los ángeles no se atribuyen mérito por nada y le atribuyen todo al Señor.

En el tercer capítulo, Swedenborg declara: "Toda mi experiencia en el cielo atestigua el hecho de que la naturaleza divina que proviene del Señor, que afecta a los ángeles y que constituye el cielo, es el amor. De hecho, todas las personas que están allí son formas de amor y de sabiduría. Son indescriptiblemente bellas. El amor irradia de sus rostros, de sus palabras y de cada detalle de su comportamiento".

El cuarto capítulo muestra la división general del cielo en dos reinos: un reino de amor formado por los "ángeles celestiales" que aman ante todo al Señor, y un reino de caridad formado por ángeles espirituales cuyo amor se centra en el prójimo.

El quinto capítulo afirma que hay tres cielos. "Hay un cielo central o tercero, uno intermediario o segundo, y otro exterior o primero". Este capítulo concluye con la revelación de "un secreto particular". Cada ángel y cada uno de nosotros aquí en la tierra tiene un nivel central, o el más alto; este nivel es la entrada del Señor o su morada esencial dentro de nosotros: "Es este nivel central, o el más elevado, lo que nos hace humanos y nos distingue de los animales inferiores, puesto que ellos no lo tienen. Es por esto que nosotros, a diferencia de los animales, podemos ser elevados por el Señor hacia él mismo, en todo lo que respecta a los niveles más profundos de nuestra mente y de nuestro carácter. Es por esto que podemos creer en él, ser motivados por el amor a él y, consecuentemente, verlo. Es por esto que podemos recibir inteligencia y sabiduría y podemos hablar racionalmente. Es también por esto que vivimos para siempre."

El último párrafo del quinto capítulo dice lo siguiente:

"Éstos son, pues, algunos de los hechos generales. . . .En las siguientes páginas tendremos que hablar más sobre cada cielo en particular."

Helen Keller, que se deleitaba en particular leyendo *El cielo y el infierno*, mencionó una vez que sentía una especie de dicha al leer a Swedenborg. El lector puede comparar su propia experiencia de lectura, con la cual se espera que alcance esclarecimiento, ánimo, y algo de esa dicha.

Donald L. Rose

UN RECORRIDO POR LOS CIELOS Y SUS MARAVILLAS

Prefacio

El contenido particular oculto que será revelado en las siguientes páginas tiene que ver con el cielo y el infierno y con nuestra propia vida después de la muerte.

Hoy en día, los hombres de la iglesia no saben casi nada sobre el cielo y el infierno, ni sobre su vida después de la muerte, aunque hay descripciones de todo esto en la Palabra. De hecho, muchos que han nacido dentro de la iglesia niegan estas realidades. Se preguntan en lo más profundo de sí mismos: "¿Quién ha regresado alguna vez para contarnos cómo es?"

Para prevenir que esta actitud negativa—especialmente prevalente entre gente que ha adquirido mucha sabiduría mundana—infecte y corrompa a las personas de fe y de corazón sencillo, se me ha concedido estar con los ángeles y hablar con ellos en persona. También se me ha permitido ver lo que hay en el cielo y en el infierno, proceso que lleva ya trece años. Por tanto, ahora se me ha autorizado a describir lo que he oído y lo que he visto, con la esperanza de esparcir luz donde hay ignorancia y de disipar el escepticismo.

La razón por la cual esta revelación directa está ocurriendo actualmente es porque esto es lo que significa la Venida del Señor.

[Emanuel Swedenborg, 1758]

Parte
I

EL MUNDO DE LOS ESPÍRITUS Y NUESTRO
ESTADO DESPUÉS DE LA MUERTE

LO QUE ES EL MUNDO DE LOS ESPÍRITUS

El mundo de los espíritus no es ni el cielo ni el infierno, sino un lugar o un estado entre los dos. Es adonde llegamos primero después de la muerte, siendo elevados al cielo o arrojados al infierno a su debido tiempo según haya sido nuestra vida en este mundo. El mundo de los espíritus es un lugar a medio camino entre el cielo y el infierno, y es también nuestro propio estado intermedio después de la muerte.

En el mundo de los espíritus hay un número inmenso de personas, porque es allí donde todas ellas son reunidas al principio, examinadas y preparadas. No existe ningún límite fijo para nuestra estancia allí. Algunas personas apenas acaban de entrar cuando son llevadas inmediatamente al cielo o son arrojadas al infierno. Algunas moran allí por varias semanas, otras por muchos años, aunque no más de treinta. La variedad en duración ocurre a causa de la correspondencia, o de la falta de correspondencia, entre nuestra naturaleza más profunda y la más exterior.

En las páginas que siguen explicaré cómo somos conducidos de un estado a otro y preparados.

Después de nuestra muerte, en cuanto llegamos al mundo de los espíritus, somos cuidadosamente separados por el Señor. Los malhechores se ponen inmediatamente en contacto con la comunidad infernal con la cual su amor dominante se había asociado en el mundo, y los buenos son puestos en contacto inmediato con la comunidad celestial con la cual su amor y su caridad y su fe se habían asociado en el mundo.

Aunque somos separados de esta forma, todavía estamos juntos en ese mundo y podemos platicar con quien queramos:

con amigos y con conocidos de nuestra vida física, especialmente con los esposos o las esposas, y también con hermanos y hermanas. He visto a un padre hablando con sus seis hijos y reconociéndolos. He visto a muchas otras personas con sus parientes y sus amistades. Sin embargo, dado que eran de una naturaleza diferente como consecuencia de la vida que llevaron en el mundo, después de cierto tiempo se alejaron unos de otros.

Por otra parte, aquellos que entran al cielo o al infierno desde el mundo de los espíritus, ya no se ven; ni siquiera se reconocen a menos que sean de una naturaleza semejante en cuestión de lo que aman. La razón por la cual se ven en el mundo de los espíritus, pero no en el cielo ni en el infierno, es porque mientras permanecen en el mundo de los espíritus se les hace pasar de manera sucesiva por estados semejantes a aquellos por los que pasaron durante su vida física. Pero eventualmente se establecen en un estado constante que armoniza con su amor dominante. En este estado, el reconocimiento mutuo depende exclusivamente de la similitud del amor, pues la semejanza une y la desemejanza separa.

En estas páginas, donde dice "espíritus" quiere decir gente que está en el mundo de los espíritus, mientras que "ángeles" se refiere a las personas que están en el cielo.

CADA UNO DE NOSOTROS ES INTERIORMENTE UN ESPÍRITU

Cualquiera de nosotros que piense cuidadosamente puede ver que no es el cuerpo el que piensa, porque el cuerpo es material. Más bien es el alma, porque el alma es espiritual. El alma humana, cuya inmortalidad ha sido un tema tratado por muchos autores, es nuestro espíritu y, en efecto, es inmortal en todos los aspectos, y es también el que realiza en nuestro cuerpo el acto de pensar. La materia que es propia del cuerpo es un apéndice y casi un accesorio del espíritu. Su propósito es permitir a nuestro espíritu vivir su vida y llevar a cabo sus deberes en un mundo natural que es material en todos los sentidos y que es esencialmente inerte. Como la materia no está viva—sólo el espíritu—, podemos concluir que todo lo que está vivo en nosotros es nuestro espíritu y que el cuerpo sólo le sirve tal como una herramienta sirve a una fuerza viva y activadora.

Puesto que todo lo que está vivo en el cuerpo—todo lo que actúa y siente debido a la vida—le pertenece únicamente al espíritu y nada de eso le pertenece al cuerpo, es lógico deducir que el espíritu es la persona real. En otras palabras, somos esencialmente espíritus y también tenemos básicamente la misma forma. Como se puede ver, todo lo que está vivo y que es sensible dentro de nosotros le pertenece a nuestro espíritu, y no hay nada en nosotros, de pies a cabeza, que no esté vivo y sea sensible. Es por esto que cuando el cuerpo se separa del espíritu, lo que se conoce como morir, seguimos siendo humanos y estando vivos.

Podemos deducir que en nuestro interior somos espíritus por el hecho de que después de separarnos del cuerpo, lo que ocurre cuando morimos, estamos vivos todavía y seguimos siendo tan humanos como siempre. Para convencerme de esto, [el Señor] me ha permitido hablar con casi todas las personas que llegué a conocer durante su vida física, con unas por algunas horas, con otras por semanas o meses, y con algunas por años. Esto sucedió principalmente para que me convenciera y pudiera dar testimonio.

Puedo añadir aquí que, incluso cuando estamos viviendo en nuestro cuerpo, espiritualmente cada uno de nosotros vive en comunidad con los espíritus aunque no podamos percibirlo. Las personas buenas están en comunidades angélicas por medio de [su espíritu,] y las personas malas están en comunidades infernales. Es más, al morir, vamos a esas mismas comunidades. A quienes entran en contacto con los espíritus después de morir, esto se les dice y se les muestra con frecuencia.

NUESTRA RESURRECCIÓN DESPUÉS DE LA MUERTE Y NUESTRA ENTRADA A LA VIDA ETERNA

Cuando el cuerpo de una persona ya no puede desempeñar sus funciones en el mundo natural en respuesta a los pensamientos y a los *afectos*[1] de su espíritu (que obtiene del mundo espiritual), es entonces cuando decimos que el individuo ha muerto. Esto ocurre cuando la respiración de los pulmones y el movimiento sistólico del corazón han cesado. Pero la persona no ha muerto en absoluto. Sólo somos separados de la naturaleza física que nos era útil en el mundo. La persona esencial realmente sigue viviendo. Digo que la persona en su esencia todavía vive porque no somos personas gracias al cuerpo, sino al espíritu. Después de todo, es el espíritu dentro de nosotros el que piensa, y el pensamiento y el sentimiento juntos nos hacen lo que somos.

Vemos, pues, que al morir simplemente nos trasladamos de un mundo a otro. Es por esto que en el sentido interior de la Palabra, "muerte" significa la resurrección y la continuación de la vida.

La comunicación más profunda de nuestro espíritu es con nuestra respiración y con el latido de nuestro corazón; el pensamiento se conecta con la respiración, y el sentimiento —un atributo del amor—, con nuestro corazón. Por consiguiente, cuando cesan estos dos movimientos en el cuerpo, sobreviene una separación inmediata. Estos dos movimien-

---

[1] La palabra *afectos* se aproxima al significado que Swedenborg tiene en mente, pero no lo alcanza en su complejidad. Tenerle afecto/cariño a alguien no abarca la pasión a la que se refiere Swedenborg, no sólo en su sentido romántico, sino pasión por todo lo que nos inspira o nos motiva. Al decir que somos nuestros afectos, Swedenborg afirma que somos lo que amamos, o lo que mas profundamente nos afecta o nos motiva. —SMS

tos, el respiratorio de los pulmones y el sistólico del corazón, son vínculos esenciales. Una vez que se cortan, el espíritu se libera del cuerpo; y el cuerpo, despojado de la vida de su espíritu, se enfría y se descompone.

Después de esta separación, nuestro espíritu permanece brevemente en el cuerpo, pero no después de que el corazón se detiene por completo, cosa que varía según la causa de la muerte. En algunos casos el latido del corazón continúa por largo rato, y en otros no. En el momento en que se detiene, somos despertados, pero esto sólo lo hace el Señor. "Ser despertado" significa que nuestro espíritu es sacado del cuerpo y es conducido al mundo espiritual, que es lo que normalmente llamamos "resurrección".

La razón por la cual nuestro espíritu no es separado del cuerpo sino hasta que ha cesado el latido del corazón es que el corazón responde al sentimiento, que es un atributo del amor, el cual es nuestra vida esencial puesto que todos obtenemos nuestro calor vital de él. Por consiguiente, mientras esta unión perdure hay una posibilidad de respuesta y, por lo tanto, la vida del espíritu sigue en el cuerpo.

No sólo se me ha dicho cómo ocurre el despertar, sino que también se me ha mostrado con la experiencia directa. A mí mismo se me hizo pasar por la experiencia real para que pudiera tener un conocimiento pleno de cómo sucede.

Fui puesto en un estado en el cual mis sentidos físicos eran inoperantes: parecidísimo al estado de las personas que están muriendo. Sin embargo, mi vida y mi pensamiento profundos permanecieron intactos para que yo pudiera percibir y retener lo que me estaba pasando y lo que les pasa a las personas a las que se les está despertando de la muerte. Noté que mi respiración física se suspendía casi por completo y que se ponía en marcha una respiración más profunda, la respiración del espíritu, acompañada por una respiración física muy ligera y silenciosa.

Al principio, pues, se estableció una conexión entre el latido de mi corazón y el reino celestial, porque ese reino corresponde al corazón humano. También vi ángeles de ese reino; algunos se hallaban a cierta distancia, pero había dos sentados cerca de mi cabeza. El efecto fue despojarme de todo sentimiento propio pero dejándome en posesión del pensamiento y de la percepción. Permanecí en ese estado por varias horas.

Luego los espíritus que me rodeaban se apartaron de mí gradualmente, creyendo que estaba muerto. Percibí un olor dulce como el de un cuerpo embalsamado, pues todo lo que tiene que ver con un cadáver huele dulce cuando hay ángeles celestiales presentes. Cuando los espíritus perciben esto, no pueden acercarse. Es así también como los espíritus malos son mantenidos a distancia de nuestro espíritu cuando estamos entrando a la vida eterna.

Los ángeles que se hallaban sentados cerca de mi cabeza, estaban en silencio, simplemente compartiendo sus pensamientos con los míos. (Cuando éstos son aceptados [por el difunto], los ángeles saben que el espíritu de la persona está listo para ser conducido fuera del cuerpo). Mirando mi cara, lograron este compartimiento de pensamientos. Pues en realidad, es así como se comparten los pensamientos en el cielo.

Como se me había permitido retener mi pensamiento y percepción para que pudiera aprender y recordar cómo sucede el despertar, noté que al principio los ángeles inspeccionaban si mis pensamientos eran como los de los moribundos, que normalmente están pensando en la vida eterna. Querían que mi mente permaneciera con tales pensamientos. Se me dijo más tarde que, al exhalar el cuerpo el último aliento, nuestro espíritu es mantenido en su último pensamiento hasta que eventualmente vuelve a los pensamientos que emanaban de nuestro amor básico o dominante en el mundo.

Especialmente, me fue dado percibir y hasta sentir un tirón, una especie de extracción de los niveles más profundos de mi mente, y por consiguiente, la extracción de mi espíritu, de mi cuerpo; y se me dijo que esto lo estaba haciendo el Señor mismo y que es lo que da lugar a nuestra resurrección.

Cuando los ángeles celestiales están con personas que han sido despertadas, no se apartan de ellas, porque aman a todos. Pero hay algunos espíritus que simplemente no toleran estar en compañía de los ángeles celestiales por mucho tiempo, y desean que se vayan. Cuando ocurre esto, llegan ángeles del reino espiritual del Señor, por los cuales nos es concedido el uso de la luz, ya que antes de esto no podemos ver nada, sino sólo pensar.

También se me mostró cómo sucede esto. Parecía como si los ángeles estuvieran enrollando hacia el centro de mi nariz una cubierta que tenía mi ojo izquierdo, para que así se abriera mi ojo y pudiera ver. Al espíritu le parece como si esto realmente estuviera ocurriendo, pero sólo es una apariencia. Cuando esta cubierta parecía irse enrollando para retirarse, pude ver una especie de luz clara pero tenue, como la luz que vemos a través de los párpados al irnos despertando. Me pareció que esta luz clara y tenue tenía un color celestial, pero después se me dijo que esto varía. Después sentí como si algo se estuviera enrollando delicadamente para retirarse de mi rostro. Y hecho esto, tuve acceso al pensamiento espiritual. Este enrollamiento para eliminar algo que había en la cara es sólo una apariencia, pues representa el hecho de que estamos pasando del pensamiento natural al pensamiento espiritual. Los ángeles tienen muchísimo cuidado de resguardar a la persona que está despertando de todo concepto que no esté impregnado de amor. Entonces le dicen al individuo que él o ella es un espíritu.

Después de que los ángeles espirituales nos dan el uso de la luz, hacen por nosotros, como espíritus recién llegados, todo lo que pudiéramos desear en ese estado. Nos hablan—al menos en la medida de nuestro entendimiento—de las realidades de la otra vida. Sin embargo, si nuestra naturaleza es tal que no queremos ser instruidos, entonces una vez que hemos despertado, queremos alejarnos de la compañía de los ángeles. Aun así, los ángeles no nos abandonan, sino que somos nosotros los que nos apartamos de ellos. Los ángeles verdaderamente aman a todos. No quieren más que ayudar a las personas, enseñarles y conducirlas al cielo. Éste es su gozo más grande.

Cuando los espíritus se alejan de la compañía de los ángeles, son bien recibidos por los espíritus buenos que los iban acompañando y que también hacen todo lo que pueden por ellos. Mas, si en la tierra llevaron el tipo de vida que les impide estar en compañía de gente buena, entonces también quieren apartarse de éstos. Esto sucede cuantas veces sea necesario, y por tanto tiempo como sea necesario, para que lleguen a encontrarse en la compañía de la gente con la que les hace corresponder la vida que llevaron en la tierra. Aquí encuentran su vida; y, por muy extraordinario que esto pueda sonar, llevan desde entonces el mismo tipo de vida que llevaron en el mundo.

No obstante, la primera etapa de nuestra vida después de la muerte no dura más que unos días. En las siguientes páginas describiré cómo después de eso se nos conduce de un estado a otro hasta que finalmente lleguemos al cielo o al infierno.

He hablado con algunas personas en el tercer día después de su muerte. Hablé con tres que había conocido en el mundo, y les dije que se estaban preparando los servicios funerarios para que sus cuerpos pudieran ser enterrados. Cuando me escucharon decir que esto era necesario para que pudiesen mencionar el hecho de que podían ser enterrados, sintieron una especie de desconcierto. Dijeron que estaban vivos, y que solamente se estaba enterrando lo que les había sido útil en el mundo. Más tarde, sintieron un asombro profundo ante el hecho de que, mientras vivieron en su cuerpo, no habían creído en esta clase de vida después de la muerte, y particularmente en que lo mismo le sucede a casi todo el mundo.

DESPUÉS DE LA MUERTE ESTAMOS EN FORMA HUMANA COMPLETA

Años y años de experiencia diaria me han demostrado que, después de la separación del cuerpo, el espíritu humano es una persona y tiene una forma semejante. Esto lo he visto miles de veces; he oído a tales espíritus, y he hablado con ellos incluso sobre el hecho de que la gente que está en el mundo no cree que ellos son lo que son, y de que los eruditos piensan que la gente que lo cree es gente ingenua. Los espíritus se sienten desalentados por el hecho de que esta clase de ignorancia siga siendo común en el mundo, y especialmente en la iglesia.

Por esto, casi todos los que llegan del mundo se asombran sobremanera al descubrir que están vivos y que son tan humanos como siempre; que ven, oyen y hablan, que su cuerpo sigue dotado del sentido del tacto y que nada en absoluto ha cambiado.

Cuando acabamos de entrar en el mundo de los espíritus (cosa que ocurre al poco tiempo del despertar que se acaba de describir), nuestro espíritu tiene un rostro y un tono de voz similares a los que tenía en el mundo. Esto es porque en ese momento nos encontramos en el estado de nuestros intereses externos, y nuestros intereses más profundos aún no están al descubierto. Éste es nuestro estado inicial después de la muerte. Pero más tarde nuestro rostro cambia y se vuelve muy diferente. Acaba por parecerse al afecto que dominó en lo más profundo a nuestra mente durante la vida en el mundo— el tipo de sentimiento característico del espíritu dentro de nuestro cuerpo—, pues la cara de nuestro espíritu es muy diferente de la de nuestro cuerpo. Heredamos nuestra cara física de nuestros padres, pero nuestra cara espiritual procede de nuestros afectos más profundos, es decir, de lo que verdaderamente nos afecta, y es una imagen de eso. Nuestro espíritu adquiere ese rostro al terminarse la vida física, cuando se han eliminados las cubiertas exteriores. Éste es nuestro tercer estado.

He visto personas recién llegadas del mundo y las reconocí por sus caras y sus voces; pero cuando las vi después, no las reconocí. Las personas que se habían orientado a tener buenas motivaciones tenían una cara hermosa, mientras que todos aquellos que se habían dedicado a los malos afectos [es decir, que se dejaban impulsar por las malas motivaciones] tenían un rostro horrible. En sí mismo, nuestro espíritu no es nada más que nuestros sentimientos/motivaciones, cuya forma exterior es la cara.

La razón por la cual nuestro rostro cambia es que en la otra vida no se nos permite fingir sentimientos o motivaciones que en realidad no tenemos, de modo que no podemos mostrar una cara contraria al amor al que nos dedicamos. A todos se nos va refinando gradualmente hasta que alcancemos un estado en el que decimos lo que pensamos y manifestamos, en expresión y en actos, lo que nos proponemos.

Debe saberse que nuestra forma humana es más hermosa después de la muerte en la medida en que hayamos amado más profundamente las verdades divinas y hayamos vivido según ellas, puesto que nuestros niveles más profundos están abiertos y formados de acuerdo tanto a nuestro amor por estas verdades como a nuestra vida. Así que cuanto más profundo sea el sentimiento y más armonice con el cielo, más hermoso será el rostro. Por eso es que los ángeles que están en el cielo más interior son los más bellos: porque son formas de amor celestial. Por otra parte, las personas que han amado las verdades divinas más exteriormente y en consecuencia las han vivido más exteriormente, son menos hermosas, puesto que solamente los aspectos más exteriores irradian de su cara, y el amor celestial más profundo—en otras palabras, la forma del cielo en sí mismo—no brilla a través de estas formas más externas. Se puede ver algo relativamente tenue en su cara, pero ésta no está animada por la luz de su vida interior que debería translucirse a través de ella. En resumen, toda perfección aumenta al moverse uno hacia el interior y disminuye al moverse hacia el exterior. Al aumentar o disminuir la perfección, igualmente aumenta o disminuye la belleza.

He visto caras angélicas del tercer cielo tan hermosas que no hay pintor, con toda su habilidad, que pueda captar ni una fracción de su luz con sus pigmentos o que pueda rivalizar siquiera la milésima parte de la luz y de la vida que se muestran en sus rostros. La cara de los ángeles del cielo exterior, por otra parte, sí se puede captar hasta cierto punto.

Por último, quisiera compartir un secreto que nadie ha sabido hasta ahora, a saber, que todo lo bueno y lo verdadero que proviene del Señor y que constituye el cielo, tiene forma humana. Es así no sólo para la totalidad más grande, sino también para cada parte por más minúscula que sea. Esta forma influye en todo aquel que acepte del Señor lo que es bueno y verdadero, y hace que todos en el cielo estén en forma humana de acuerdo con esa aceptación. Es por esto que el cielo es coherente consigo mismo en general y en particular, y es por esto que la forma humana es la forma de la totalidad, de cada comunidad, y de cada ángel. Necesito añadir aquí que ésta también es la forma de los detalles de los pensamientos que provienen del amor celestial en los ángeles.

Puede que este secreto no encaje bien con el entendimiento de todos los seres humanos del mundo, pero está claro en el entendimiento de los ángeles, porque ellos están en la luz del cielo.

DESPUÉS DE LA MUERTE DISFRUTAMOS DE TODOS LOS SENTIDOS, LA MEMORIA, EL PENSAMIENTO, Y TODOS LOS SENTIMIENTOS QUE TENÍAMOS EN EL MUNDO

A través de mucha experiencia, se me ha demostrado que cuando somos trasladados del mundo natural al espiritual, lo cual ocurre al morir, nos llevamos todo lo que pertenece a nuestro carácter menos el cuerpo terrenal. De hecho, cuando entramos en el mundo espiritual o en nuestra vida después de la muerte, estamos en un cuerpo como cuando estábamos en este mundo. No parece haber ninguna diferencia, puesto que no sentimos ni vemos que algo haya cambiado. Sin embargo, este cuerpo es espiritual, así es que ha sido separado o purificado de toda materia terrestre. Además, cuando algo espiritual toca y ve algo espiritual, es exactamente igual que cuando algo natural toca y ve algo natural. Entonces, cuando nos hemos convertido en espíritus, no tenemos la sensación de que ya no estamos en el cuerpo que habitamos en el mundo, y por consiguiente, no nos damos cuenta de que hemos muerto.

Como "persona-espíritu" gozamos de todas las sensaciones exteriores e interiores que disfrutábamos en el mundo. Vemos como acostumbrábamos ver; oímos y hablamos como acostumbrábamos hacerlo; olemos y gustamos y sentimos las cosas cuando las tocamos, igual que como acostumbrábamos hacerlo; queremos, deseamos, anhelamos, pensamos, reflexionamos, nos conmovemos, amamos, y tenemos intenciones como acostumbrábamos hacerlo. Los que eran estudiosos aún leen y escriben igual que antes. En resumen, cuando nos mudamos de una vida a la otra, o de un mundo al otro, es como trasladarnos de un lugar [físico] a otro; y nos llevamos todo lo que poseíamos como personas, a tal grado que sería injusto decir que después de la muerte hemos perdido cosa alguna que fuera nuestra, ya que se trata sólo de una muerte del cuerpo terrenal. Hasta nos traemos nuestra memoria natural, puesto que retenemos todo lo que hemos oído, visto, leído, aprendido y pensado en el mundo desde nuestra más temprana infancia hasta el último momento de la vida. Sin embargo, como los objetos naturales que residen en nuestra memoria no pueden ser reproducidos en un mundo espiritual, se quedan latentes como lo hacen cuando no estamos pensando en ellos. Aun así, pueden ser reproducidos cuando le plazca al Señor. Pero pronto me extenderé más sobre esta memoria y su condición después de la muerte.

Sin embargo, la diferencia entre nuestra vida en el mundo espiritual y nuestra vida en el mundo natural es considerable, tanto en cuestión de nuestros sentidos exteriores y la forma en que nos afectan, como en cuestión de nuestros sentidos interiores y cómo éstos nos afectan. Los que están en el cielo tienen los sentidos mucho más agudos. Es decir, ven y oyen y también piensan con más discernimiento que cuando vivían en este mundo. Esto se debe a que ven por medio de la luz del cielo, que supera inmensamente a la luz del mundo, y oyen por medio de una atmósfera espiritual que también supera enormemente a la atmósfera terrestre. La diferencia en sus sentidos externos es como aquélla entre algo claro y algo escondido detrás de una nube, o como la luz del mediodía y la tenuidad del crepúsculo de la tarde.

En cuanto a toda nuestra memoria que retenemos al separarnos del mundo, se me ha mostrado esto a través de muchos ejemplos y he visto y oído muchísimas cosas que vale la pena contar. Quisiera ofrecer varios ejemplos en secuencia. Han habido personas que negaron los delitos y pecados que habían cometido en el mundo. Para evitar que se creyeran sin culpa, todo fue sacado a relucir de su memoria en secuencia, desde el principio hasta el fin de su vida. La mayor parte de sus pecados eran actos de adulterio y promiscuidad.

Había personas que habían engañado a otros con una habilidad maliciosa y les habían robado. Sus engaños y robos—muchos de los cuales no eran conocidos por casi nadie en el mundo más que por ellos mismos—salieron a relucir uno tras otro. Dado que se les mostraron tan claramente, junto con cada pensamiento, intención, placer y miedo que se mezclaron en su mente en aquel momento, llegaron a confesar sus delitos.

Había personas que se habían dejado sobornar y que lucraron con sus decisiones judiciales. Se les examinó del mismo modo a partir de sus propios recuerdos y todo salió a relucir, desde que asumieron su puesto hasta el final. Los detalles de las cantidades y valores, de la fecha, de su estado mental y de sus intenciones, todos ellos asimilados juntos en sus recuerdos, se hicieron salir a la luz un centenar de veces o más. Cosa muy notable es que, en algunos casos, los diarios originales en los que estas personas habían registrado esos actos se abrieron y se les leyeron página por página.

Había hombres que habían inducido a mujeres vírgenes al deshonor y habían violado su castidad. A éstos se les llamó a un juicio semejante, y de su memoria se extrajeron los detalles, que fueron enumerados. Se les hizo ver los rostros reales de las vírgenes y de las otras mujeres como si estuvieran allí en persona, al igual que los lugares, las palabras y los pensamientos. Esto se hizo de manera tan instantánea como cuando uno es testigo directo de algo que está ocurriendo en el momento. A veces estas presentaciones duraban horas enteras.

Había un hombre al que le parecía poca cosa calumniar a otros. Oí sus calumnias contadas en secuencia sus blasfemias, mencionando las palabras textuales, las personas a las que se referían y las personas a las que les fueron dirigidas. Todas éstas fueron presentadas juntas de tal forma que no podían ser más vívidas, a pesar de que él las había ocultado de sus víctimas con todo cuidado mientras vivía en el mundo.

Había un hombre que, valiéndose de pretextos engañosos, le había estafado la herencia a un pariente suyo. Fue expuesto y juzgado de la misma manera. Curiosamente, las cartas y los documentos que habían intercambiado los dos hombres me fueron leídos en voz alta, y él admitió que ni una palabra faltaba. El mismo hombre había envenenado secretamente a un vecino poco antes de su propia muerte, lo cual se dio a conocer de la siguiente manera: bajo sus pies pareció abrirse una zanja, y cuando acabó de abrirse, un hombre salió de ella como si saliera de una tumba y le gritó: "¿Qué me has hecho?" Entonces todo salió a relucir: cómo el envenenador había platicado amigablemente con él y le había ofrecido una bebida, lo que había pensado de antemano, y lo que pasó después. Una vez revelado esto, el asesino fue condenado al infierno.

En pocas palabras, a cada espíritu malvado se le hace ver claramente todas sus maldades, delitos, robos, engaños y fraudes, que se extraen de sus propios recuerdos y quedan expuestos. No hay margen ninguno para la negación porque todas las circunstancias son presentadas juntas.

También oí que los ángeles han visto y han expuesto, a partir de la memoria de un individuo, todo lo que éste había pensado día tras día durante un mes, sin un solo error, haciéndole recordar todo como si él mismo estuviera viviendo esos días exactos.

De estos ejemplos podemos concluir que nos llevamos toda nuestra memoria con nosotros, y que en este mundo no hay nada tan oculto que no se dará a conocer después de la muerte, y que no se hará públicamente.

Después de la muerte, cuando tenemos que enfrentar nuestros actos, los ángeles a los que se les ha asignado la tarea de examinarnos, nos escudriñan el rostro y continúan su examen por todo el cuerpo, empezando por los dedos de una mano y luego de la otra y continuando por todo lo demás. Cuando pregunté por qué es así, se me explicó: así como los detalles de nuestro pensamiento y de nuestras intenciones quedan inscritos en nuestro cerebro, porque es allí donde están sus orígenes, del mismo modo se inscriben también en todo el cuerpo, puesto que todos los elementos de nuestro pensamiento y nuestras intenciones se desplazan hacia afuera dentro del cuerpo, a partir de sus orígenes, y se van definiendo ahí en sus formas más externas. Es por eso que las cosas que están inscritas en nuestra memoria a partir de nuestras intenciones y los pensamientos consiguientes, no sólo están inscritas en el cerebro, sino también en la persona toda, donde toman la forma de un patrón que sigue el patrón de las partes del cuerpo. Pude ver de este modo que nuestra naturaleza en su totalidad depende de la naturaleza de nuestras intenciones y los pensamientos consiguientes, de tal modo que las personas malas son su propio mal, y las personas buenas son su propio bien.

De ahí también podemos deducir el significado de nuestro libro de la vida, mencionado en la Palabra. Es el hecho de que todos nuestros actos y pensamientos están escritos en toda nuestra persona, y cuando son extraídos de la memoria, es como si se leyeran de un libro. Aparecen en cierta forma de imagen cuando nuestro espíritu es observado bajo la luz celestial.

Quisiera añadir a esto algo notable sobre la memoria que conservamos después de la muerte, algo que me convenció de que no sólo el contenido general, sino hasta los detalles más minuciosos que han ingresado a nuestra memoria, perduran y jamás son borrados. Vi unos libros en los que se usó una escritura como la que se usa en la tierra, y se me dijo que procedían de los recuerdos de la gente que los había escrito, y que no faltaba ni una sola palabra de las que había en el libro que ellos habían escrito en el mundo. También se me hizo saber que hasta los más mínimos detalles se podían recuperar de la memoria de otra persona, incluso cosas que la persona había olvidado en el mundo. La razón de esto también se me explicó; a saber, que tenemos una memoria externa y una memoria interior. La externa es apropiada para nuestra persona natural y la interior para la espiritual. Los detalles de lo que hemos pensado, lo que nos hemos propuesto, lo que hemos dicho y hecho, y hasta lo que hemos oído y visto, están inscritos en nuestra memoria interior o espiritual. No hay modo de borrar nada de lo que está ahí, puesto que todo se escribe al mismo tiempo tanto en nuestro espíritu mismo como en los miembros de nuestro cuerpo, como ya habíamos mencionado. Esto significa que nuestro espíritu está formado de acuerdo con lo que hemos pensado y lo que hemos hecho intencionalmente. Sé que estas cosas resultan paradójicas y difíciles de creer. Sin embargo, son ciertas.

Así pues, que nadie crea que hay cosa alguna que hayamos pensado o hecho en secreto, que permanecerá oculta después de la muerte. Créase, más bien, que absolutamente todo saldrá a la luz del día.

He hablado con un sinfín de personas a las que se consideraba sabias en el mundo debido a su conocimiento de lenguas antiguas como el hebreo, el griego y el latín, pero que no habían desarrollado su raciocinio a partir de las cosas escritas en esas lenguas. Algunos de ellos parecían tan simples como la gente que no conocía esos idiomas; otros parecían torpes, aunque conservando todavía cierto orgullo, como si fuesen más sabios que los demás.

Los espíritus y los ángeles tienen memoria tal como nosotros. Lo que oyen y ven y piensan y se proponen y hacen permanece con ellos. Y gracias a su memoria siguen desarrollando su habilidad racional constantemente. Es por eso que los espíritus y los ángeles están siendo perfeccionados en inteligencia y en sabiduría a través de experiencias de lo que es verdadero y lo que es bueno, exactamente igual que nosotros.

Mediante una gran cantidad de experiencias, se me ha demostrado que los espíritus y los ángeles tienen memoria, también. He visto surgir de su memoria todo lo que habían pensado y habían hecho, tanto en público como en privado, cuando estaban con otros espíritus. También he visto personas que, habiéndose centrado en alguna verdad de virtud simple, quedaron imbuidas de una perspicacia y su consecuente inteligencia, y que después fueron llevadas al cielo.

Sin embargo, debe notarse que tales personas no quedan imbuidas de perspicacia y su consecuente inteligencia más allá del nivel de su amor por lo que es bueno y lo que es verdadero, nivel al que se habían dedicado en el mundo. De hecho, cada espíritu y cada ángel conserva la intensidad y el tipo de amor motivador que tenía cuando estaba en el mundo, y esto se va perfeccionando ulteriormente conforme se va alimentando más y más. Esto también sigue ocurriendo por toda la eternidad, puesto que todo es capaz de variaciones y de enriquecimientos infinitos por diferentes medios, para que pueda multiplicarse y dar frutos. Ninguna instancia de bondad tiene fin, puesto que su fuente es el Infinito.

NUESTRA NATURALEZA DESPUÉS DE LA MUERTE DEPENDE DEL TIPO DE VIDA QUE LLEVAMOS EN EL MUNDO

Todo cristiano sabe por medio de la Palabra que la vida sigue estando con nosotros después de la muerte, puesto que muchos pasajes afirman que seremos juzgados según nuestras acciones y obras, y que seremos recompensados de acuerdo con ellas. Además, cualquiera que base su pensamiento en el bien y en la verdad no puede dejar de ver que la gente que vive según el bien entra al cielo, y la gente que vive con maldad entra al infierno. No obstante, los que se proponen actuar con maldad no quieren creer que su estado después de la muerte depende de su vida en el mundo. Más bien creen, especialmente cuando su salud empieza a declinar, que, sin importar cómo haya vivido la gente su vida, el cielo se les concede a todos en razón únicamente de la misericordia, y que esto depende de una fe que ellos mantienen separada de la vida.

En muchos pasajes de la Palabra se dice, en efecto, que seremos juzgados y recompensados según nuestras acciones y nuestras obras. Quisiera citar aquí algunos de estos pasajes.

"Y le daré a cada uno según sus obras." (Apocalipsis 2, 23.)

"Y vi a los muertos, grandes y pequeños, de pie ante el trono, mientras que eran abiertos unos libros. Entonces fueron juzgados los muertos de acuerdo con lo que está escrito en esos libros, es decir, cada uno según sus obras. El mar devolvió los muertos que guardaba, y también la Muerte y el Infierno devolvieron los muertos que guardaban, y cada uno fue juzgado según sus obras."(Apocalipsis 20, 13.15 [20, 12-13].)

"Cualquiera, pues, que me oye estas palabras y las hace, le compararé a un hombre prudente, pero cualquiera que me oye estas palabras y no las hace, le compararé a un hombre insensato." (Mateo 7, 24. 26.)

"Yavé de los Ejércitos nos trata conforme a nuestra conducta y manera de proceder." (Zacarías 1, 6.)

Sin embargo, "acciones y obras" no significa acciones y obras tan sólo como se ven en su forma exterior. También incluye su naturaleza más profunda. Efectivamente, todo el mundo sabe que nuestras acciones y obras provienen de nuestra intención y de nuestro pensamiento, puesto que si no procedieran de allí, no serían más que movimientos como los de las máquinas o los autómatas. En sí misma, una acción o una obra es simplemente un efecto que recibe su alma y su vida de nuestra voluntad y pensamiento. Se deduce, pues, que la calidad de la voluntad y del pensamiento que causan la acción o la obra determina la calidad de tal acción u obra. Si la intención y el pensamiento son buenos, entonces las acciones y las obras son buenas; pero si el pensamiento y la intención son malos, entonces las acciones y las obras lo son también, aun cuando por su forma exterior se vean iguales. Mil personas pueden tener un comportamiento semejante—es decir, pueden hacer una misma cosa con tanta semejanza que en su forma exterior sería muy difícil notar alguna diferencia—. Sin embargo, cada acción en sí misma es única porque procede de una intención distinta.

Tomemos por ejemplo el comportamiento honesto y justo en el trato de un colega. Una persona puede comportarse honesta y justamente con otra para aparentar ser honesta y justa por interés personal y para ser respetada; otra persona puede hacer lo mismo por obtener una ganancia mundana; una tercera para recibir recompensa y crédito; una cuarta para ganarse la amistad de alguien; una quinta por miedo a la ley y a la pérdida de su reputación y su cargo; una sexta para obtener el apoyo de otros en su causa, aunque sea una causa mala; una séptima para engañar; y otras personas por otras tantas razones. Pero aunque todas sus acciones parezcan buenas (puesto que el comportamiento honesto y justo con un colega es bueno), siguen siendo perversas porque no se han hecho en aras de la honradez y la justicia, ni porque estas personas amen dichas cualidades, sino por interés propio y amor a lo mundano, porque esto es lo que aman. La honestidad y la justicia no son más que sirvientes de este amor, como los criados de una casa a los cuales el señor maltrata y despide cuando no le sirven.

De aquí podemos deducir lo que significa "acciones y obras" en la Palabra.

Gran parte de mi experiencia atestigua al hecho de que *después de la muerte somos nuestro amor o nuestra intención.* Todo el cielo está diferenciado en comunidades basadas en las diferencias en la calidad del amor, y a cada espíritu que es elevado al cielo se le lleva a la comunidad donde se halla su amor. Cuando llegamos allí, nos sentimos en nuestro elemento, en casa, en nuestro lugar de origen, por decirlo así. Los ángeles sienten esto y se asocian ahí con sus almas gemelas. Cuando dejan ese lugar para ir a otro, sienten una atracción constante, un anhelo de regresar con sus seres afines y, por consiguiente, con su amor dominante. Es así como la gente se reúne en el cielo. Sucede lo mismo en el infierno. Allí también la gente se asocia de acuerdo con amores que se oponen a los celestiales. Tanto el cielo como el infierno están formados de comunidades, y todas se distinguen a base de las diferencias de amor.

También podemos inferir que después de la muerte somos nuestro amor, por el hecho de que se separa de nosotros, y parece ser eliminado, todo lo que no armonice con este amor dominante. Para los seres buenos, lo que se les remueve y aparentemente se elimina es todo lo que está en desacuerdo y en conflicto, con el resultado de que así pueden ser admitidos dentro de su amor. Con los seres malvados ocurre algo muy parecido, con la excepción de que lo que se les quita es todo lo verdadero, mientras que a los buenos se les libra de todo lo falso. En ambos casos el resultado es que a fin de cuentas, todos se convierten en su propio amor. Esto ocurre cuando se nos conduce a nuestro tercer estado, del cual se hablará más adelante.

Una vez que esto ha ocurrido, volvemos la cara constantemente hacia nuestro amor y lo tenemos siempre ante la vista, sin que importe en qué dirección dirijamos la mirada.

Todos los espíritus pueden ser conducidos a donde uno quiera con tal que se les mantenga en su amor dominante. No pueden resistir, aun cuando saben lo que está pasando y piensan que sí resistirán. En muchas ocasiones los espíritus han tratado de hacer lo opuesto, pero no lo han logrado. Su amor es como una cadena o una cuerda atada a ellos, por la cual pueden ser jalados y de la cual no pueden escapar. Lo mismo sucede con la gente en este mundo. Nuestro amor también nos dirige, y es por medio de éste que otras personas nos conducen. Pero esto es incluso más cierto cuando nos convertimos en espíritus, porque entonces no nos es permitido presentar un amor diferente ni fingir un amor que no es nuestro.

Vamos al cielo si nuestro amor es celestial y espiritual, y al infierno si nuestro amor es carnal y mundano, sin ninguna dimensión celestial o espiritual. Para llegar a esta conclusión, tengo como evidencia todas aquellas personas, aquellos que he visto ser llevadas al cielo o arrojadas al infierno. Los que fueron llevados al cielo habían llevado una vida de amor celestial y espiritual, mientras que los que fueron arrojados al infierno habían llevado una vida centrada en el amor carnal y mundano. El amor celestial celeste consiste en amar lo que es bueno, honesto, y justo porque es bueno, honesto, y justo, y hacerlo así por motivo de ese amor. Si amamos esas cosas por su propio valor y las hacemos o las vivimos, entonces también estamos amando al Señor sobre todas las cosas, porque todas ellas provienen de él. También estamos amando al prójimo, porque estas cosas son lo que es el prójimo al que se debe amar. Por otra parte, el amor carnal consiste en amar lo que es bueno, honesto, y justo, no por el mero hecho de serlo, sino por interés propio, porque lo podemos usar para adquirir prestigio, posición o ganancia. En este caso no estamos centrados en el Señor y en el prójimo respecto a lo que es bueno, honesto y justo, sino en nosotros mismos y en lo mundano, y disfrutamos el engaño. Cuando el motivo es el engaño, entonces todo lo que es bueno y honesto y justo es en realidad malo y deshonesto e injusto. Esto es lo que amamos dentro de la apariencia externa.

Puesto que estos amores definen nuestra vida, la calidad de todos nosotros se examina inmediatamente después de la muerte, cuando llegamos al mundo de los espíritus, y se nos pone en contacto con personas de amor semejante. Si estamos centrados en el amor celestial, se nos pone en contacto con personas que están en el cielo; y si estamos centrados en el amor carnal, se nos pone en contacto con personas que se hallan en el infierno. Más adelante, cuando se han completado el primero y el segundo estado, los dos tipos de personas quedan separados, de tal manera que ya no se ven ni se reconocen unos a otros. Verdaderamente nos convertimos en nuestro propio amor, no sólo en los niveles más profundos de nuestra mente, sino también en nuestro exterior: en rostro, cuerpo, y habla. Las personas que son amores carnales se ven toscas, borrosas, oscuras y deformes; mientras que las que son amores celestiales se ven animadas, diáfanas, resplandecientes, y hermosas.

NUESTRO PRIMER ESTADO DESPUÉS DE LA MUERTE

Después de la muerte pasamos por tres estados antes de llegar al cielo o al infierno. El primer estado es uno de intereses externos; el segundo es de intereses más interiores, y el tercero es un estado de preparación. Pasamos por estos estados cuando estamos en el mundo de los espíritus.

Sin embargo, algunos individuos no pasan por estas etapas, sino que son elevados al cielo o arrojados al infierno inmediatamente después de morir. Los que son elevados directamente al cielo son aquellos que han sido regenerados y en consecuencia preparados para el cielo, estando aún en este mundo. Los que han sido regenerados y preparados hasta ese grado sólo necesitan desprenderse de su impureza natural, igual que de su cuerpo, para ser llevados inmediatamente al cielo por los ángeles. He visto personas que han sido elevadas una hora después de su muerte.

En cambio, las personas que han sido profundamente maliciosas, pero que por fuera aparentaron la bondad, esas personas que, por consiguiente, alimentaron su maldad con astucia y usaron la bondad como un instrumento de engaño, a ésas se les arroja directamente al infierno. He visto gente como ésta enviada al infierno inmediatamente después de su muerte. Uno de los más embusteros fue lanzado de cabeza, con los pies al aire; para otros es diferente.

También hay personas a las que directamente después de morir se les expulsa a cuevas, para de esta manera segregarlas de quienes están en el mundo de los espíritus. Alternadamente se les saca de las cuevas y se les devuelve a ellas. Se trata de aquellos que han actuado de manera malintencionada con sus prójimos bajo pretexto de un comportamiento cívico.

Sin embargo, hay poca gente como ésta comparada con el número de personas a las que se mantiene en el mundo de los espíritus y a las que ahí se prepara para el cielo o el infierno de acuerdo con el plan divino.

En cuanto al primer estado, el estado que corresponde a nuestros intereses más externos, llegamos a él inmediatamente después de morir. Todo el mundo tiene aspectos más exteriores y aspectos interiores en su espíritu. Utilizamos los aspectos exteriores de nuestro espíritu, para adaptar nuestro cuerpo cuando estamos en el mundo—especialmente la cara, el habla y el comportamiento—a nuestras interacciones con otra gente. Los aspectos más interiores de nuestro espíritu son apropiados para nuestras intenciones y pensamientos consecuentes, los cuales rara vez se notan en la cara, en la forma de hablar o en el comportamiento. Desde la niñez se nos forma para que nos mostremos amigables, benévolos y honestos, y para que ocultemos los pensamientos de nuestras propias intenciones. De este modo adquirimos un estilo de vida que es exteriormente moral y civil, pese a lo que seamos por dentro. Como resultado de tal comportamiento habitual, apenas conocemos nuestra naturaleza interior y no le prestamos atención.

Nuestro primer estado después de la muerte se parece a nuestro estado en este mundo, puesto que seguimos envueltos de igual manera en intereses de tipo externo. Tenemos la misma cara, la misma voz y el mismo carácter que teníamos en el mundo; llevamos una vida moral y civil similar. Por eso nos parece como si todavía estuviéramos en este mundo, a menos que notemos cosas fuera de lo común y que recordemos que cuando fuimos despertados, los ángeles nos dijeron que somos espíritus. Así, una vida se prolonga en la otra, y la muerte es tan sólo una travesía.

Puesto que como espíritus es así como nos vemos inmediatamente después de nuestra vida en el mundo, nuestras amistades y toda la gente que habíamos conocido en el mundo nos pueden reconocer. Los espíritus perciben quiénes somos no sólo por nuestro rostro y nuestra voz, sino también, cuando se acercan, por el aura de nuestra vida. En la otra vida, siempre que pensamos en alguien evocamos con el pensamiento el rostro de ese individuo y tantos detalles más de su vida; y cuando hacemos esto, el individuo es atraído hacia nosotros. Cosas como ésta ocurren en el mundo espiritual porque allí se comparten los pensamientos y porque el espacio no es como el del mundo natural. Es por eso que tan pronto como llegamos a la otra vida, somos reconocidos por nuestros amigos y parientes y gente que hemos conocido de una forma u otra. Además, hablamos unos con otros y continuamos la amistad que llevábamos en el mundo. He oído a muchos que acababan de llegar del mundo alegrarse sobremanera al ver de nuevo a sus amigos, y a sus amistades llenarse de alegría de que hubiesen llegado.

Pasa seguido que las personas casadas se encuentren con su cónyuge y se den la bienvenida llenos de regocijo. Ellos también permanecen juntos, pero por un tiempo más largo o más corto según lo felices que habían sido cuando vivían juntos en el mundo. En última instancia, si no estuvieron unidos por un amor conyugal verdadero (que es la unión de las mentes cuyo amor proviene del cielo), se separarán después de haber estado juntos por un tiempo.

Sin embargo, si las mentes de los cónyuges no estaban de acuerdo, y si interiormente ellos se repugnaban uno al otro, estallan en una hostilidad abierta y a veces hasta pelean entre sí. A pesar de esto, no se les separa sino hasta que entran en el segundo estado, el cual será descrito en seguida.

Puesto que la vida de los espíritus recién llegados no es tan diferente de su vida en el mundo, y puesto que no saben nada de la vida después de la muerte, del cielo, o del infierno—excepto lo que han aprendido por medio del significado literal de la Palabra y por algunos sermones derivados de ella—, una vez que se reponen del asombro de encontrarse en un cuerpo y de gozar de todos los sentidos que tenían en el mundo, viendo cosas familiares a su alrededor, descubren que desean saber cómo son el cielo y el infierno y dónde se hallan. Por consiguiente, sus amigos les hablan sobre el estado de la vida eterna, y los llevan a recorrer diversos lugares en compañía de diferentes personas. Van a diferentes ciudades, jardines y parques. Luego, de vez en cuando se les gúia hacia los pensamientos que habían tenido durante su vida física acerca del estado del alma después de la muerte y acerca del cielo y el infierno. El haber sido tan ignorantes respecto a estos asuntos, y el que la iglesia también haya sido tan ignorante, los lleva al borde del resentimiento.

Casi todos quieren saber si van a lograr entrar al cielo. Muchos creen que serán admitidos porque llevaron una vida moral y cívica en el mundo, sin reflexionar en que tanto las personas malas como las buenas llevaban vidas semejantes en lo exterior, siendo igualmente serviciales con los demás, yendo a la iglesia, escuchando los sermones y rezando de la misma forma, totalmente inadvertidos de que el comportamiento exterior y el culto exterior no tienen propósito en sí: sólo son eficaces las realidades interiores que dan origen a las exteriores. Escasamente una persona entre miles sabe siquiera lo que son las realidades interiores, o que éstas son para nosotros el punto focal del cielo y de la iglesia. Aun menos comprenden que la calidad de nuestras acciones exteriores está determinada por la calidad de nuestras intenciones y pensamientos, y por el amor y la fe inherentes a ellos, de los cuales surgen nuestras acciones. Aun cuando se les explica, no captan el hecho de que nuestros pensamientos y nuestras intenciones son en realidad lo que importa. Sólo le conceden importancia a las palabras y a las acciones. Hoy en día, muchas de las personas que llegan del mundo cristiano a la otra vida son así.

A todos los espíritus que llegan del mundo se les pone en contacto con alguna comunidad del cielo o con alguna del infierno. No obstante, esto se aplica solamente a su naturaleza más interior, y tal naturaleza no les es obvia a ellos mismos mientras estén centrados en sus intereses externos. Esto se debe a que sus intereses externos encubren a los interiores, y esto sucede en especial con las personas que están más profundamente involucradas en el mal que en el bien. Sin embargo, la naturaleza interior de los espíritus sale a relucir cuando éstos llegan al segundo estado, porque entonces sus niveles más profundos se abren y los niveles exteriores se quedan latentes.

Este primer estado después de la muerte dura unos cuantos días para algunas personas, unos meses para otras y un año para otras más, pero rara vez dura más de un año para alguien. La diferencia de duración para los individuos en particular depende de la armonía o la discordancia que exista entre su naturaleza interior y exterior. En el mundo de los espíritus, a nadie se le permite tener pensamientos o intenciones de un tipo, y hablar y actuar de otra manera. Cada uno tiene que ser una imagen de su motivación dominante, o sea, de su afecto esencial, lo cual significa que se debe ser exteriormente lo que se es interiormente. Por eso es que a los espíritus primero se les desprenden y se les ponen en orden sus intere-

ses exteriores: para que les sirvan como una base receptiva
para los interiores.

NUESTRO SEGUNDO ESTADO DESPUÉS DE LA MUERTE

Nuestro segundo estado después de la muerte se llama estado
de nuestros intereses más profundos, porque es entonces
cuando se nos da acceso a los alcances más profundos de
nuestra mente, o de nuestras intenciones y pensamientos,
mientras que los intereses más superficiales que nos habían
ocupado en el primer estado, se aletargan.

Cualquiera que reflexione sobre nuestra vida y nuestras
palabras y acciones puede reconocer que todos tenemos naturalezas más exteriores y naturalezas más interiores, o unos
pensamientos e intenciones más exteriores y otros más interiores. Podemos reconocerlo a partir del hecho de que, si estamos inmersos en la vida cívica, pensamos en las otras personas
en términos de su reputación, o de lo que hemos escuchado
de ellos cuando han sido tema de conversación. Sin embargo,
no hablamos con ellos de la misma manera que como pensamos en ellos, y aun si se trata de malas personas, nos com-
portamos cortésmente con ellos. Esto es evidente sobre todo
con las personas falsas y aduladoras, cuyas palabras y actos
están en completo desacuerdo con sus pensamientos e intenciones; y con los hipócritas que hablan de Dios, del cielo, de
la salvación de las almas, de las verdades de la iglesia, del bienestar del país, y de su prójimo como si estuvieran motivados
por la fe y el amor, cuando en el fondo piensan de manera
muy distinta y no aman a nadie más que a sí mismos.

Tenemos que comprender que nuestra calidad fundamental está enteramente determinada por la calidad de nuestra
naturaleza interior, no por nuestro aspecto exterior separado
de esa naturaleza interior. Esto se debe a que lo más profundo
que podemos alcanzar dentro de nosotros es nuestro espíritu,
y dado que el cuerpo vive gracias al espíritu, nuestra vida es

la vida de nuestro espíritu. Por consiguiente, comoquiera que seamos en nuestra naturaleza interior, así es como somos por toda la eternidad. Puesto que nuestra naturaleza más externa le pertenece al cuerpo, después de la muerte se separan, y todo elemento de ellas que se aferre al espíritu queda adormecido, sirviendo tan sólo como una base para intereses más profundos.

De esto podemos ver lo que realmente nos pertenece y lo que no. A los que son malvados, en realidad no les pertenecen ni el contenido del pensamiento externo que anima sus palabras ni las intenciones exteriores que dan lugar a sus acciones. Lo que sí les perteneces es el contenido de sus pensamientos más profundos y de sus intenciones.

Una vez completado el primer estado—el estado de intereses más externos descrito en el capítulo anterior—, a nosotros, como espíritus, se nos lleva al estado de nuestros intereses más profundos, o sea al estado de aquellas intenciones más profundas y los consecuentes pensamientos con que nos habíamos comprometido cuando se nos dejó a la deriva en este mundo y nuestro pensamiento era libre y sin restricciones. Nos deslizamos en este estado sin darnos cuenta cabal de ello, tal como lo hacíamos en el mundo cuando tomábamos el pensamiento más cercano a nuestras palabras—la fuente inmediata de nuestras palabras—y lo enviábamos de regreso hacia nuestro pensamiento interior, y lo dejábamos reposar ahí por un tiempo. Así que cuando nosotros, como espíritus, nos encontramos en este estado, estamos siendo nosotros mismos y estamos viviendo nuestra verdadera vida, puesto que el pensar libremente a partir de lo que nos motiva en lo más profundo, es nuestra vida misma y nuestra auténtica identidad.

Cuando los espíritus están es este estado de sus intereses más profundos, se vuelve obvio qué tipo de personas fueron en el mundo. Se comportan realmente de acuerdo con su propia naturaleza. Quienes en el mundo se dedicaron interiormente al bien, ahora se comportan con cordura y sabiduría; de hecho, con más sabiduría que cuando vivían en la tierra, por el hecho de que han sido liberados de toda conexión con el cuerpo y, como consecuencia, de las cosas terrenales que oscurecen y cubren como con una especie de nube.

En cambio, aquellos que en el mundo se habían centrado en el mal, se comportan de forma insensata y enloquecida; de hecho, mucho más enloquecida que cuando estaban en el mundo porque ahora están en plena libertad y no tienen restricciones como antes. Mientras vivieron en el mundo, eran sensatos por fuera, porque es así como imitaban a la gente racional. Entonces, cuando se les quita toda envoltura exterior, sale a relucir su verdadera locura.

Una persona malvada que exteriormente aparenta ser buena puede compararse con una vasija finamente pulida y con cubierta, pero con todo tipo de inmundicias por dentro, tal como dijo el Señor: "Ustedes son como sepulcros bien pintados, que se ven maravillosos, pero que por dentro están llenos de huesos de muertos y de toda clase de podredumbre." (Mateo 23, 27.)

Cuando los espíritus están en este segundo estado, en realidad se ven exactamente como eran por dentro en el mundo. También las cosas que habían hecho y dicho en secreto se hacen públicas porque ahora, como ya no están restringidos por consideraciones exteriores, dicen las mismas cosas abiertamente; y siguen tratando de hacer las mismas cosas sin ningún temor a perder la reputación de que gozaron en el mundo. Además, entonces se les conduce a través de muchos estados de sus maldades, de modo que se presenten ante los ángeles y los espíritus buenos como las personas que realmente son.

Puesto que los espíritus malos se sumen en todo tipo de maldades cuando están en este segundo estado, es normal que se les castigue seguido y severamente. Hay muchos tipos de castigos en el mundo de los espíritus, y no se respeta rango alguno, ni si uno era rey o sirviente en el mundo. Cada maldad trae consigo su propio castigo. Están unidos: así, quien esté involucrado en algo perverso también está involucrado en el castigo de ese mal. De cualquier modo, nadie es castigado por las maldades que hizo en el mundo, sino sólo por las maldades reales. Sin embargo, acaba siendo lo mismo, y da igual decir que sufrimos castigos por los malos actos que cometimos en el mundo o que sufrimos por los malos actos cometidos en la otra vida, puesto que después de la muerte todos regresamos a nuestra vida, lo cual significa que nos involucramos en los mismos tipos de maldad. Esto se debe a que nuestra naturaleza está determinada por el tipo de vida física que hayamos llevado.

La razón por la cual se les castiga es que el miedo al castigo es el único modo de mantener a raya su perversidad en ese estado. Darles ánimo ya no sirve, ni la enseñanza, ni el miedo a la ley ni el temor de perder su reputación, porque ahora están actuando de acuerdo con su naturaleza, la cual no se puede forzar ni quebrantar con otra cosa más que con castigos.

Sin embargo, aunque los espíritus buenos han hecho cosas malas en el mundo, jamás son castigados. Esto se debe a que sus maldades no vuelven. También se me ha concedido saber que sus maldades son de otro tipo o índole. No surgen de ninguna resistencia deliberada contra lo que es verdadero, ni provienen tampoco de un corazón malvado, excepto el que heredaron de sus padres, al que fueron llevados por el placer ciego cuando estaban centrados en intereses exteriores separados de los interiores.

Cada individuo llega a la comunidad donde estaba su espíritu en el mundo. En realidad, cada uno de nosotros, en cuanto al espíritu, está unido a alguna comunidad, ya sea del cielo o del infierno: la gente perversa a las comunidades infernales y la gente buena a las comunidades celestiales.

NUESTRO TERCER ESTADO DESPUÉS DE LA MUERTE ES UN ESTADO DE INSTRUCCIÓN PARA LAS PERSONAS QUE VAN A ENTRAR AL CIELO

Nuestro tercer estado después de la muerte, o el tercer estado de nuestro espíritu, es un estado de instrucción. Es para las personas que están entrando al cielo y que se están convirtiendo en ángeles, pero no para aquellas que están entrando al infierno, porque estos últimos no pueden ser instruidos. Por lo tanto, su segundo estado también es su tercero, y culmina en el retorno directo hacia su verdadero amor y, por consiguiente, hacia la comunidad infernal que está dedicada a un amor semejante al suyo. Una vez ocurrido esto, sus intenciones y su pensamiento fluyen desde ese amor; y como es un amor infernal, sólo se proponen cosas que son malas y sólo piensan cosas que son falsas. Éstos son sus placeres. Más tarde, como resultado, acaban rechazando todo lo bueno y todo lo verdadero que habían usado como medio para servir a su amor.

Por otra parte, las personas buenas son llevadas del segundo estado al tercero, que por medio de la instrucción es un estado de preparación para el cielo.

No se instruye a todos de la misma forma ni por las mismas comunidades del cielo. Los que han sido educados en el cielo desde su infancia son instruidos por ángeles de los cielos más interiores. Es así, porque no han absorto nociones falsas debido a distorsiones de la religión, ni han contaminado su vida espiritual con impurezas provenientes de la posición social y la riqueza en el mundo.

Casi todos los que mueren como adultos son instruidos por los ángeles del cielo más exterior porque estos ángeles están mejor adaptados a ellos que los ángeles de los cielos más interiores. Estos últimos se centran en una sabiduría más profunda que los recién fallecidos aún no pueden aceptar.

A los musulmanes, por otra parte, los instruyen ángeles que antes se habían afiliado a esa religión pero se han convertido al cristianismo. Otros que tampoco son cristianos son instruidos por sus propios ángeles.

Toda la enseñanza allí procede de la doctrina tomada de la Palabra, y no de la Palabra separada de la doctrina. A los cristianos se les instruye a base de una doctrina celestial que está completamente de acuerdo con el significado interior de la Palabra. A los demás, como los musulmanes y los que no son cristianos, se les enseña a través de doctrinas adecuadas a su entendimiento. Éstas difieren de la doctrina celestial sólo en que la vida espiritual se instruye por medio de una vida moral de acuerdo con los buenos principios de su propia religión, que fue la base de su vida en el mundo.

La enseñanza en los cielos se distingue de la instrucción en el mundo en que [en el cielo] la información no se memoriza, sino que se vive, puesto que la memoria de los espíritus está en su vida. En realidad, aceptan y absorben todo lo que concuerda con su vida y no aceptan, ni mucho menos absorben, lo que no se ajusta a ella. Esto se debe a que los espíritus son afectos [es decir, son lo que más aman], y por consiguiente tienen una forma humana que se parece a sus afectos más profundos.

Como ésta es su naturaleza, viven en constante anhelo de saber lo que es cierto para así llevar una vida constructiva. De hecho, el Señor se encarga de que amemos las actividades constructivas que estén de acuerdo con nuestros talentos. Este amor se intensifica por nuestra esperanza de convertirnos en ángeles. Esto significa que, para cada uno de nosotros, un afecto por lo que es verdadero se une a una afición por lo útil, a tal grado que actúan como uno solo. De esta manera se siembra en nosotros un verdadero entendimiento de la utilidad, para que las verdades que aprendamos sean percepciones acertadas de lo que es útil. Así es como a los espíritus angelicales se les instruye y se les prepara para el cielo.

El afecto por la verdad ligada a la utilidad se puede inculcar de diversas formas—muchas de ellas desconocidas en el mundo—, principalmente por medio de visualizaciones de actividades útiles. Éstas se pueden presentar de mil maneras en el mundo espiritual, con tal gracia y encanto que impregnan a los espíritus en toda su extensión, desde los niveles más profundos de su mente hasta los niveles más exteriores de su cuerpo, y por tanto afectan a toda la persona. Como resultado, los espíritus se convierten virtualmente en su vida constructiva; de manera que cuando llegan a las comunidades para las cuales los preparó su instrucción, y se centran en actividades útiles, están en su propia vida.

De aquí podemos deducir que el conocimiento, que es una forma externa de la verdad, no le concede a nadie la entrada al cielo. En vez, lo que nos lleva al cielo es la vida útil que se nos concede a través del conocimiento.

Después de que los espíritus han sido preparados para el cielo en estos sitios de instrucción (cosa que no toma mucho tiempo, puesto que están rodeados por conceptos espirituales que abarcan mucho a la vez), se les viste con ropas angelicales, generalmente de lino blanco, se les lleva a un sendero que conduce hacia el cielo, y allí se les entrega a los ángeles guardianes. Entonces son aceptados por otros ángeles y se les pone en contacto con su comunidad y con gran cantidad de bendiciones. El Señor conduce a cada ángel a su comunidad. Ocurre esto de diferentes maneras, a veces con ciertos rodeos. Ningún ángel sabe los caminos por los cuales es conducido; sólo el Señor lo sabe. Cuando llegan a la comunidad, se abre su naturaleza interior y, dado que están en armonía con la naturaleza interior de los ángeles que son miembros de esa comunidad, se les reconoce inmediatamente y se les acepta con gozo.

LLEVAR UNA VIDA ENCAMINADA AL CIELO
NO ES TAN DIFÍCIL COMO SE SUELE CREER

Algunos creen que es difícil llevar una vida encaminada al cielo, lo que se denomina una vida "espiritual", porque han oído que tenemos que renunciar al mundo y negarnos a los deseos atribuidos al cuerpo y a la carne y "vivir espiritualmente". Lo único que entienden con esto es que debemos despreciar todo interés mundano, en especial las preocupaciones por el dinero y el prestigio, dedicándonos constantemente a la devota meditación sobre Dios, la salvación y la vida eterna, y dedicando nuestra vida a la oración, así como a la lectura de la Palabra y otros escritos religiosos. Creen que en esto consiste renunciar al mundo y vivir para el espíritu y no para la carne. Sin embargo, la realidad de las cosas es muy diferente, como he aprendido a través de abundante experiencia y conversaciones con los ángeles. Es más, la gente que renuncia al mundo y que vive para el espíritu de esta manera, asume una vida lúgubre para sí misma, una vida que no está abierta al gozo celestial, puesto que nuestra vida efectivamente permanece con nosotros [después de la muerte]. No. Si queremos aceptar la vida del cielo, forzosamente tenemos que vivir en el mundo y tenemos que participar en sus deberes y en sus asuntos. De este modo, aceptamos una vida espiritual por medio de nuestra vida moral y cívica; y no hay ninguna otra manera de que se pueda formar una vida espiritual dentro de nosotros, ninguna otra manera de que nuestro espíritu se pueda preparar para el cielo. Esto se debe a que llevar una vida interior sin vivir al mismo tiempo una vida exterior es como vivir en una casa sin cimientos, la cual gradualmente se va hundiendo o bien se va agrietando, o se estremece hasta que se derrumba.

Las reflexiones siguientes harán posible ver que el llevar una vida afín al cielo no es realmente tan difícil.

¿Quién puede no llevar una vida cívica y moral? Después de todo, se nos induce a ella desde la infancia y la conocemos por vivir en el mundo. En efecto, llevamos este tipo de vida tanto si somos malos como si somos buenos, puesto que nadie quiere que se le considere deshonesto o injusto. Casi todos practican exteriormente la honradez y la justicia, incluso hasta el grado de aparentar ser genuinamente honestos y justos, o de aparentar estar obrando con honestidad y rectitud auténticas. La gente espiritual tiene que vivir de forma muy semejante, y puede hacerlo tan fácilmente como la gente natural, con la diferencia de que los que son seres espirituales creen en el Ser Divino, y obran con honestidad y justicia no sólo por cumplir con leyes civiles y morales, sino también para cumplir con las leyes divinas. Lo cierto es que, como están pensando en las [leyes] divinas cuando actúan, están en contacto con los ángeles del cielo; y en la medida en que lo están, se unen a ellos, y su persona interior—que es en esencia una persona espiritual—se abre. Cuando nuestra naturaleza es así, el Señor nos adopta y nos guía sin que nos demos cuenta de ello, y cualquier cosa que hagamos que sea honesta y justa—las obras de nuestra vida cívica y moral— procede de una fuente espiritual. Hacer lo que es honesto y justo porque se origina en una fuente espiritual es hacerlo con honestidad y justicia genuinas, o hacerlo de todo corazón.

Las leyes de la vida espiritual, las leyes de la vida civil y las leyes de la vida moral se nos transmiten en los Diez Mandamientos. Los tres primeros mandamientos contienen las leyes de la vida espiritual, los cuatro siguientes, las leyes de la vida cívica, y los últimos tres las leyes de la vida moral. Exteriormente, las personas que son puramente naturales viven cumpliendo con estos mismos mandamientos, tal como lo hacen las personas espirituales. Adoran lo Divino, van a la iglesia, escuchan sermones, ponen cara de devoción, no matan ni cometen adulterio y no roban ni levantan falsos testimonios, ni estafan a sus colegas de sus bienes. Sin embargo, se comportan de esta forma sólo por su propio provecho, para así aparentar la bondad ante el mundo. Por dentro, estas mismas personas son exactamente lo opuesto de lo que aparentan ser. Como en su corazón niegan lo Divino, el culto que celebran es hipócrita. En su fuero interior, se burlan de los ritos sagrados de la iglesia, considerando que no sirven más que para controlar a las masas ignorantes. Es por eso que se les niega por completo el acceso al cielo. Puesto que no son espirituales, tampoco son morales ni cívicos; pues, aunque no matan, odian a todos los que se interponen en su camino y arden en deseos de venganza a consecuencia de su odio. De este modo, si no fuera por las restricciones impuestas por las leyes civiles y las limitaciones externas generadas por sus temores, matarían. Y como esto es lo que ansían hacer, se sigue que continuamente están matando. Aunque no cometan adulterio, aun así, puesto que no lo consideran malo, son constantemente adúlteros, y de hecho lo cometen tanto como pueden y con tanta frecuencia como se les presenta la oportunidad. Aunque no roben, dado que codician los bienes de los demás y consideran que legalmente se justifican la estafa y toda estratagema maliciosa, en su mente están robando constantemente. Es lo mismo con los otros mandamientos de la vida moral: no levantar falso testimonio ni codiciar los bienes ajenos. Todos los que niegan lo Divino y que carecen de conciencia basada en la religión, son así. En la otra vida, su naturaleza y la de los individuos semejantes se manifiesta claramente una vez que se les ha despojado de su naturaleza exterior y se les deja en su naturaleza interior. Como en este punto ya se les impidió el acceso al cielo, actúan al unísono con el infierno, de modo que permanecen en compañía de los que allí viven.

Es diferente con las personas que en el fondo han reconocido a la Divinidad y que en las acciones de su vida han cumplido con las leyes divinas, viviendo en armonía tanto con los primeros tres mandamientos del Decálogo como con los otros. Cuando son introducidos a su naturaleza interior, después de que se les ha quitado la exterior, son más sabios de lo que fueron en el mundo. Llegar a su naturaleza interior es como pasar de la obscuridad a la luz, de la ignorancia a la sabiduría, de una vida triste a una bienaventurada, porque están en lo Divino y consecuentemente en el cielo.

He mencionado esto para que se sepa cómo es cada tipo de persona, aunque ambos lleven el mismo tipo de vida exteriormente.

Ahora podemos ver que llevar la vida que conduce al cielo no es tan difícil como se cree, pues se trata simplemente de reconocer que, cuando surge algo atractivo que sabemos que es deshonesto o injusto, no se debe hacer porque va en contra de los mandamientos divinos. Si nos acostumbramos a pensar así, y de este conocimiento formamos un hábito, entonces poco a poco nos vamos uniendo al cielo. En la medida en que estemos unidos al cielo, se abrirán niveles más profundos de nuestra mente; y en la medida en que éstos estén abiertos, distinguiremos mejor lo que es deshonesto e injusto; y en la medida en que distingamos lo deshonesto y lo injusto, podremos disiparlos. Pues no hay mal que se pueda desterrar sin haber sido visto. Éste es un estado al que podemos acceder gracias a nuestra libertad, puesto que todos son libres de pensar en esta forma. Sin embargo, una vez empezado el proceso, el Señor obra sus maravillas dentro de nosotros, y hace que no sólo podamos ver los males, sino que los rechacemos y, eventualmente nos libremos de ellos. Éste es el significado de las palabras del Señor: "Porque mi yugo es fácil y ligera mi carga." (Mateo 11, 30.)

Sin embargo, es importante comprender que la dificultad de pensar así y de resistirse a los males, aumenta en la medida en que deliberadamente obremos mal; de hecho, en la medida en que nos acostumbremos tanto a hacer cosas malas que acabemos por no poderlas ver. Entonces llegamos a amarlas y a justificarlas para gratificar nuestro amor, y a racionalizarlas, engañándonos a nosotros mismos, hasta considerarlas permisibles y buenas. Pero esto les ocurre a las personas que al llegar a la edad adulta se entregan sin restricción a todo tipo de maldades y que al mismo tiempo rechazan en el fondo todo lo Divino.

En una ocasión se me mostró el camino al cielo y el camino al infierno. Había un sendero amplio que conducía hacia la izquierda, es decir, al norte. Parecía haber un gran número de espíritus recorriendo esta senda. Pero a lo lejos pude ver una roca bastante grande donde terminaba el sendero amplio. Entonces, a ambos lados de la roca, se abrieron dos sendas, una a la izquierda y la otra, por el otro lado, a la derecha. La senda de la izquierda era estrecha y bien delimitada, conduciendo del oeste al sur, y por lo tanto hacia la luz del cielo. El sendero del lado derecho era amplio y abierto, y llevaba, en dirección oblicua hacia abajo, al infierno.

Al principio, todos iban siguiendo el mismo sendero hasta que llegaban a la gran roca de la bifurcación; pero entonces se separaron. Los buenos se volvieron hacia la izquierda y se encaminaron por la senda delimitada que conducía al cielo. Los malos ni siquiera vieron la roca, sino que se tropezaron con ella y se lastimaron. Cuando se pusieron de pie, se apresuraron a tomar la senda amplia hacia la derecha que conducía al infierno.

Después se me explicó el significado de todo esto. El primer sendero, el sendero amplio que tantos individuos buenos y malos recorrían juntos, platicando el uno con el otro como buenos amigos, entre los cuales no había ninguna diferencia visible, representaba a las personas que exteriormente llevan vidas igualmente honestas y justas, sin diferencia visible entre ellas. La roca de la bifurcación o esquina donde tropezaban los malhechores, y desde la cual se apresuraban a tomar la senda hacia el infierno, representaba la verdad divina, la cual se niegan a ver las personas centradas en el infierno. En su sentido más elevado, esta roca representaba la naturaleza humano-divina del Señor. No obstante, a quienes reconocen la verdad divina y también la naturaleza divina del Señor, se les conducía por la senda que llevaba al cielo.

Los senderos de la otra vida representan los pensamientos que fluyen de nuestros propósitos o nuestras intenciones. Los senderos que allí son presentados a la vista responden exactamente a los pensamientos de nuestras intenciones, y nuestra trayectoria sigue los pensamientos que fluyen de nuestras intenciones. Es por eso que se puede reconocer la calidad de los espíritus y de sus pensamientos a juzgar por sus senderos. Esto también me mostró el significado de las palabras del Señor: "Entrad por la puerta estrecha; porque ancha es la puerta y espacioso el camino que lleva a la perdición, y muchos son los que entran por ella. Porque estrecha es la puerta y angosto el camino que lleva a la vida, y pocos son los que la hallan." (Mateo 7, 13-14.) El camino que conduce a la vida no es estrecho porque sea difícil, sino por ser tan poca la gente que lo halla, como ya se había dicho.

La roca que vi en el esquina donde terminaba el sendero amplio y común y empezaban los dos caminos que parecían conducir en direcciones opuestas me aclaró el significado de las palabras del Señor: "¿Qué, pues, es lo que está escrito: 'la piedra que desecharon los edificadores ha venido a ser la cabeza del ángulo'? Todo el que cayere sobre aquella piedra será quebrantado; mas sobre quien ella cayere, le desmenuzará." (Lucas 20, 17-18.) La piedra significa la verdad divina, y la roca de Israel se refiere al Señor en términos de su naturaleza humano-divina. Los edificadores son la gente de la iglesia. La cabeza del ángulo es donde se halla la bifurcación, y caerse y ser quebrantado es negar y perecer.

Se me ha permitido hablar en la otra vida con algunas personas que se habían distanciado de los asuntos del mundo para vivir en devoción y santidad, y también con algunas que se habían mortificado de diversas maneras porque creían que esto era renunciar al mundo y domar los deseos carnales. No obstante, como resultado casi todas ellas habían acabado viviendo vidas sombrías y se habían distanciado de esa vida de caridad activa que sólo se puede llevar en el mundo, de modo que no podían asociarse con los ángeles. La vida de los ángeles es alegre y bendita. Consiste en actividades valiosas que son actos de caridad. En particular, las personas que han llevado una vida alejada de las preocupaciones mundanas, arden con sentimientos de su propio valor y constantemente anhelan el cielo. Consideran el gozo celestial como su recompensa, ignorando por completo lo que es en realidad ese gozo celestial. Cuando están con los ángeles y se les da acceso a ese gozo—que no tiene ningún sentido de mérito y que consiste en actividades y obligaciones públicas y en la dicha que causa el bien que se hace a través de éstas—, se quedan tan perplejos como si estuvieran observando algo totalmente ajeno a su fe. Como no están abiertos a estas alegrías, se alejan y se asocian con personas que han llevado el mismo tipo de vida en el mundo.

Hay otros que han llevado vidas exteriormente devotas, pasando el tiempo en las iglesias y rezando en ellas. Han mortificado su alma al pensar constantemente en ellos mismos, en cómo son más valiosos y más estimables que los demás y van a ser considerados santos después de su muerte. En la otra vida, no van al cielo porque hicieron todo esto con ellos mismos en mente, antes que nada. Como han contaminado las verdades divinas con el amor a sí mismos en el cual las sumieron, algunos de ellos están tan trastornados que se creen dioses. Es por eso que están con personas semejantes en el infierno. Algunos de ellos son ingeniosos y astutos, y están en los infiernos para aquellos individuos astutos que usaron sus habilidades y artimañas para levantar apariencias exteriores que llevaran a las masas a creerlos poseídos de una santidad divina.

He mencionado todo esto para que se sepa que la vida que conduce al cielo no es una vida de aislamiento del mundo, sino una vida en el mundo; y que una vida de devoción que no es también una vida de caridad (lo cual sólo es posible en el mundo) no conduce al cielo en absoluto. Más bien, la vida que conduce al cielo es una vida de caridad y consideración, una vida de comportamiento honesto y justo en cada obligación, en cada asunto y tarea, desde nuestra naturaleza más profunda y, por lo tanto, desde una fuente celestial. La fuente de esta vida se halla dentro de nosotros cuando actuamos honesta y justamente, porque actuar así está conforme con las leyes divinas.

Parte

II

EL CIELO

LOS CIELOS ESTÁN FORMADOS
POR INNUMERABLES COMUNIDADES

Los ángeles de cualquiera de los cielos no están reunidos en un solo lugar, sino que están separados formando comunidades más grandes o más chicas, dependiendo de los diferentes efectos buenos del amor y de la fe en los que se ocupan. Los ángeles que se dedican a actividades semejantes forman una misma comunidad. Hay una variedad infinita de actividades buenas en el cielo, y cada ángel individual es, como quien dice, su propia actividad.

Las almas gemelas se atraen espontáneamente, por decirlo así, pues estando una con otra sienten como si se encontraran con su propia familia, en casa, mientras que cuando están con otros se sienten como extranjeros, como si estuvieran en un país desconocido. En compañía de sus almas gemelas, gozan de la más plena libertad y la vida les parece una verdadera delicia.

Podemos ver así que el bien reúne a todos en los cielos, y que los ángeles son diferenciados por el bien que hacen. Aun así, no son los ángeles mismos los que realizan tal unión, sino el Señor, la fuente de todo bien. Él los conduce, los une, los diferencia, y los mantiene en libertad en la medida en que se dediquen al bien. De este modo, mantiene a cada individuo en la vida que corresponde a su propio amor, fe, inteligencia y sabiduría y, por consiguiente, en la felicidad.

Además, tal como las personas en el mundo reconocen a sus vecinos y parientes y amigos, en el cielo todas las personas de calidad semejante se reconocen aunque puedan no haberse visto nunca antes. Esto ocurre porque en la otra vida las únicas relaciones y parentescos y amistades que existen son espirituales, y son por consiguiente asuntos de amor y de fe.

Seguido se me ha permitido ver esto cuando yo estaba en el espíritu, y por lo tanto fuera del cuerpo, y acompañado por los ángeles. Entonces algunos de ellos me parecían tan familiares como si los hubiera conocido desde la infancia, mientras que otros me eran totalmente desconocidos. Los que me parecían conocidos desde la infancia eran los que se encontraban en un estado semejante al de mi propio espíritu, mientras que los que me resultaban desconocidos se hallaban en estados distintos al mío.

Todos los individuos que forman una comunidad angelical particular tienen un parecido general en el rostro, pero difieren en los detalles. Yo podía advertir hasta cierto punto esta semejanza general y estas diferencias particulares basándome en situaciones similares en este mundo. Sabemos que cada raza tiene en el rostro y en los ojos una semejanza general que nos ayuda a reconocerla y a distinguirla de las demás, y que esto es aún más claro entre una familia y otra. Esto se verifica mucho más perfectamente en los cielos, porque allí todos los sentimientos más profundos son visibles e irradian del rostro, siendo la cara su forma exterior y gráfica. En el cielo no es posible tener una cara que difiera de nuestros sentimientos.

También se me ha mostrado cómo esta semejanza general varía en detalles en los individuos de una misma comunidad. Había un tipo de rostro angelical que se me apareció, y éste variaba de acuerdo con las calidades de los afectos por el bien y por la verdad que caracterizaban a los individuos de una comunidad particular. Estas variaciones duraron mucho tiempo, y a lo largo noté que la misma cara general permanecía como base constante y, que todo lo demás era simplemente derivaciones y elaboraciones del mismo rostro. También de esta manera se me mostraron los afectos de toda la comunidad [o sea, lo que más amaban,] lo cual ocasionó las diferencias en los rostros de sus miembros. Como ya se ha notado, las caras de los ángeles son sus calidades más profundas hechas forma, lo cual significa que son formas de los afectos propios de su amor y su fe.

Ya habíamos señalado que en los cielos hay comunidades más grandes y más pequeñas. Las más grandes constan de decenas de millares de individuos; las pequeñas, de unos cuantos millares; y las más pequeñas, de unos centenares. Incluso, hay gente que vive sola, casa tras casa, como quien dice, y en familias independientes. Aunque estas personas viven separadas, siguen estando organizadas en la misma disposición que aquellos que viven en comunidades, donde los más sabios entre ellos están en el centro y los más simples en la periferia. Están muy directamente bajo la guía del Señor, y son los mejores de los ángeles.

CADA COMUNIDAD ES UN CIELO EN ESCALA REDUCIDA Y CADA ÁNGEL UN CIELO EN LA ESCALA MÁS REDUCIDA

La razón por la que cada comunidad es un cielo de dimensiones reducidas y cada ángel un cielo en forma aún más reducida es que la actividad del amor y de la fe es lo que constituye el cielo. Esta actividad buena se encuentra en cada comunidad del cielo y en cada ángel de una comunidad. No importa que esta actividad sea diferente y distintiva en cada lugar: sigue siendo la actividad del cielo. La única distinción es que el cielo tiene una actividad aquí y otra más, allá. Por eso, cada vez que a alguien se le eleva a alguna comunidad del cielo, esta persona dice que está en el cielo, cada quien en el suyo propio. Todos los que han llegado a la otra vida se dan cuenta de esto; por eso quienes están fuera o debajo del cielo y mirando a lo lejos hacia donde hay un grupo de ángeles reunidos, dicen que el cielo está allí. . . y también más allá.

Así como una comunidad completa es un cielo en forma reducida, así también un ángel es un cielo en forma más reducida. Pues el cielo no se encuentra fuera de los ángeles, sino dentro de ellos. Sus niveles más profundos, los niveles de su mente, están dispuestos en la misma forma del cielo, y por lo tanto están organizados para aceptar todos los elementos del cielo que se encuentran fuera de los ángeles. Ellos aceptan estos elementos de acuerdo con la calidad del bien que llevan por dentro, procedente del Señor. El resultado es que un ángel es también un cielo.

Nunca se puede decir que el cielo está fuera de nadie. Está adentro, porque cada ángel acepta el cielo que está afuera como continuación del cielo que trae interiormente. Podemos ver, pues, qué equivocados están aquellos que piensan que entrar al cielo es simplemente cuestión de ser recibidos entre los ángeles, sin importar la calidad de su vida interior, creyendo que el cielo se otorga gracias tan sólo a la misericordia [del Señor]. Al contrario, si el cielo no se encuentra dentro de un individuo, nada del cielo que existe fuera de él puede fluir hacia su interior y ser aceptado por él.

Dado que cada uno acepta el cielo exterior según la calidad del cielo que tiene en su interior, los ángeles aceptan al Señor de la misma manera, puesto que es la naturaleza divina del Señor lo que constituye el cielo. En consecuencia, cuando el Señor se hace presente en alguna comunidad en particular, su apariencia depende de la naturaleza de la actividad buena a la que esté entregada esa comunidad. Por lo tanto, no es exactamente igual en una comunidad que en otra. No es que esta diferencia esté en el Señor: está en los individuos, que lo están viendo desde su propia bondad y, por consiguiente, de acuerdo a ella. Ver al Señor les afecta de acuerdo con la calidad del amor que ellos mismos sienten. Los que lo aman profundamente se sienten profundamente conmovidos, mientras que los que lo aman con menos profundidad se conmueven menos profundamente. Las personas malvadas, que están fuera del cielo, encuentran que su presencia les es sumamente dolorosa.

Cuando el Señor aparece en cualquier comunidad, aparece allí como un ángel, pero se le identifica por la divina calidad que irradia de él.

TODO EL CIELO EN CONJUNTO REFLEJA A UN SOLO INDIVIDUO

Un secreto que aún se desconoce en este mundo es que el cielo, visto en su totalidad, refleja a un solo individuo. En el cielo, sin embargo, nada es mejor sabido. Saber esto, conocer las particularidades y los detalles de ello, es el sello de la inteligencia angelical en el cielo. Es más, muchas otras cosas se derivan de esto, y no se podrían comprender de manera clara e inconfundible sin considerar este concepto como su principio general. Como los ángeles sí saben que todos los cielos, al igual que sus comunidades, reflejan a un solo individuo, se refieren al cielo como el humano divino y universal: "divino" porque la naturaleza divina del Señor constituye el cielo.

La verdad es que los ángeles no ven el cielo en una sola visión global como ésta, puesto que la totalidad del cielo no está dentro del alcance visual de ningún ángel. No obstante, sí ven consistentemente las comunidades particulares que están compuestas por muchos miles de ángeles como entidades unitarias en este tipo de forma global; y tomando la comunidad como muestra, infieren la totalidad que es el cielo. Esto se debe a que, en su forma más perfecta, los elementos mayores están dispuestos igual que las partes, y las partes igual que los elementos mayores. La única diferencia está entre qué es lo mayor y qué es lo menor. Por consiguiente, los ángeles dicen que todo el cielo se ve así a los ojos del Señor, porque lo Divino ve todo exactamente desde el centro y desde la cima.

Puesto que el cielo tiene esta naturaleza, también es gobernado por el Señor como si se tratara de una sola persona y, por lo tanto, de una sola unidad. Nosotros mismos estamos formados de innumerables cosas diferentes, tanto en conjunto como en cada una de nuestras partes. Consistimos globalmente en miembros, órganos y vísceras, y en nuestras partes consistimos en series de nervios, fibras y vasos sanguíneos: así estamos compuestos, pues, de miembros dentro de miembros y de partes dentro de partes. Aun así, bien reconocemos que cuando hacemos algo, lo hacemos como entidades completas. El cielo es así también, bajo la vigilancia y la guía del Señor.

La razón por la cual tantos elementos variados actúan como uno solo en una persona es que no hay nada en ella que no contribuya al bien común y que no haga algo útil. El cuerpo completo sirve a sus partes y las partes sirven al cuerpo completo porque el cuerpo completo está formado de partes y las partes forman el cuerpo global. Por tanto, contribuyen unos con otros en forma recíproca, se interesan unos en otros mutuamente, y están unidos de tal forma que da a cada componente individual una relación con la entidad completa y con su bienestar. Esto es lo que les permite actuar como una unidad.

Es igual con las asambleas en los cielos. La gente allí se une en este tipo de forma con el fin de desempeñar alguna actividad valiosa. Como resultado, quienes no son útiles al conjunto, son rechazados del cielo porque no se adaptan a él. "Ser útil" significa tener buenas intenciones con otros en aras del bien común, mientras que "no ser útil" es tener buenas intenciones con los demás, pero no en aras del bien común sino por beneficio propio.

Puesto que el cielo en su totalidad refleja a un solo individuo, y es en verdad la persona divina y espiritual en su forma e imagen supremas, se sigue que el cielo está diferenciado en miembros y partes, igual que una persona, y a éstos se les dan nombres semejantes. Los ángeles saben en qué miembro está una u otra comunidad y dicen que esta comunidad se encuentra en el miembro o región de la cabeza, aquélla en el miembro o región del pecho, esa otra en el miembro o región de los genitales, y así sucesivamente.

En general, el tercer cielo o cielo superior forma la cabeza hasta el cuello, el segundo cielo o el intermedio forma el torso hasta los genitales y las rodillas, y el primero o el inferior forma los pies hasta las plantas y también los brazos a todo lo largo hasta los dedos, puesto que los brazos y las manos están entre nuestras "cosas inferiores" a pesar de estar a nuestros lados. Con esto podemos ver una vez más por qué hay tres cielos.

CADA COMUNIDAD DE LOS CIELOS
REFLEJA A UN SOLO INDIVIDUO

Se me ha permitido ver que, cuando el Señor se hace presente, toda una comunidad angelical tiene la apariencia de una sola entidad de forma humana. Muy en lo alto, hacia el este, apareció algo como una nube, blanca al principio y luego adquiriendo tonos rojizos, rodeada de estrellitas. Fue bajando gradualmente y, a medida que lo hacía, se iba haciendo más brillante, y al final tomó una forma humana perfecta. Las pequeñas estrellas que rodeaban la nube eran ángeles, y se veían así gracias a la luz que emanaba del Señor.

Tenemos que comprender que, aunque todos los individuos de una comunidad del cielo parezcan ser una sola entidad de apariencia humana cuando están todos reunidos, aun así no hay dos comunidades que sean la misma persona. Se distinguen entre ellas como las caras de los individuos de un mismo linaje. Esto es porque se diferencian según las diversas ocupaciones buenas en las que participan y que les dan su forma. Aquellas comunidades que están situadas en el cielo central o más elevado y que están en el centro de dicho cielo, aparecen en la forma humana más perfecta y más hermosa.

Vale notar que cuantos más miembros haya en una sola comunidad y cuanto más unidos estén en la acción, tanto más perfecta será su forma humana. Esto se debe a que la variedad organizada en forma celestial crea la perfección; y la variedad ocurre donde hay muchos individuos.

Cada comunidad del cielo crece diariamente en número, y cuanto más crece, más perfecta se vuelve. De esta manera, no sólo se perfecciona la comunidad, sino también el cielo en general, puesto que las comunidades constituyen el cielo.

Como el cielo es perfeccionado por su crecimiento numérico, podemos ver cuán equivocados están aquellos que creen que el cielo se va a cerrar para evitar que llegue a estar superpoblado. En realidad, es exactamente lo opuesto. Nunca se cerrará, y su plenitud siempre creciente lo hace más perfecto. Por eso nada anhelan más los ángeles que la llegada de ángeles nuevos.

CADA ÁNGEL TIENE FORMA HUMANA PERFECTA

Volvamos ahora a la experiencia. El hecho de que los ángeles son formas humanas, o personas, lo he visto miles de veces. He hablado con ellos cara a cara, a veces con uno solo, otras veces con varios en un grupo; y en cuanto a su forma, no he visto nada en ellos que difiere del ser humano. Algunas veces me he sorprendido de que fueran así; y para prevenir que se dijera que ésta fuese una ilusión o alucinación, se me concedió verlos cuando estaba yo totalmente despierto, o mientras estaba yo en plena posesión de mis facultades físicas y en un estado de percepción clara.

A menudo les he dicho a los ángeles que, en el mundo cristiano, muchas personas están sumidas en una ignorancia tan ciega sobre los ángeles y los espíritus que los consideran como mentes amorfas, como pensamiento puro, y sólo los pueden concebir como algo etéreo que contiene un rasgo de vida. Es más, como no les atribuyen nada humano excepto la capacidad de pensamiento, creen que los ángeles no pueden ver porque no tienen ojos, que no pueden oír por no tener oídos, y que no pueden hablar por falta de boca o de lengua.

Los ángeles me respondieron que saben que muchas personas en el mundo tienen este tipo de creencia y que ésta prevalece entre la gente culta y—¡cosa extraña!—entre el clero. Me han explicado que esto se debe a que algunos de los eruditos que eran particularmente eminentes y que llegaron a este concepto de los ángeles y los espíritus habían pensado en éstos basándose en las facultades sensoriales de la persona externa. Si los seres humanos se basan en esto para pensar, y no se basan en una luz más interior y en la idea común innata a cada uno de nosotros, no pueden más que construir nociones como ésta, porque las facultades sensoriales de la persona exterior sólo captan asuntos que están dentro de los límites de la naturaleza y no cosas más elevadas. Así es que no captan absolutamente nada del mundo espiritual. Por medio de estas personas eminentes que actuaron como guías, se difundieron ideas falsas sobre los ángeles entre aquellas personas que no pensaban por sí mismas, sino que confiaban en otras; y a la gente que dejó que sus ideas se basaran ante todo en las de otros para después formar su fe, y más tarde consideró estos asuntos con su propio criterio, les resulta muy difícil deshacerse de estas ideas. El resultado es que muchos de ellos ayudan a reafirmar estas nociones falsas.

Los ángeles también me han dicho que las personas de fe y corazón sencillos no se enredan en este concepto de los ángeles, sino que se los imaginan como personas en el cielo. Esto se debe a que no han permitido que la erudición extinga la imagen implantada en ellos por el cielo mismo, y a que no captan nada que no tenga alguna forma. Por eso los ángeles que vemos esculpidos o pintados en las iglesias invariablemente se representan como seres humanos. En cuanto a esta "imagen implantada en ellos por el cielo", los ángeles me informan que es algo divino que fluye hacia el interior de las personas que se proponen vivir su fe y su vida en la bondad.

En virtud de toda mi experiencia, que ha durado ya varios años, puedo declarar con toda seguridad que, en cuanto a su forma, los ángeles son completamente humanos. Tienen cara, ojos, oídos, pecho, brazos, manos y pies. Se ven unos a otros, se oyen unos a otros, y se hablan entre sí. En resumen, no carecen de nada que pertenezca a los seres humanos excepto que no están revestidos de un cuerpo material. Los he visto en su propia luz, que es mucho, muchísimo más brillante que la luz del mediodía en nuestra tierra, y en esa luz he visto todos los detalles de su rostro con más nitidez y más claridad que con las que he visto las caras de quienes están aquí en el mundo.

También se me ha concedido ver un ángel del cielo central. Su rostro era más glorioso, más radiante, que el de los ángeles de los cielos inferiores. Lo miré muy de cerca, y tenía una forma humana perfectísima.

Algunos espíritus honestos con los que hablé sobre esto se sentían tristes de todo corazón por el hecho de que haya tanta ignorancia en la iglesia acerca del estado del cielo, y acerca de los espíritus y los ángeles. Insistían mucho en que yo les llevara el mensaje de que ellos, los ángeles, no eran mentes sin forma ni alientos etéreos, sino que tenían forma humana y que veían y oían y sentían tanto como puede hacerlo la gente de este mundo.

EN VIRTUD DE LO HUMANO-DIVINO DEL SEÑOR, EL CIELO, EN SU TOTALIDAD Y EN SUS PARTES, REFLEJA A UN SER HUMANO

Esta conclusión—que es en virtud de la naturaleza humano-divina del Señor que el cielo, en su globalidad y en sus partes, refleja a una persona—se deriva de todas las cosas que se han presentado [en los capítulos anteriores]: (1) el Señor es Dios del cielo; (2) es la naturaleza divina del Señor lo que constituye el cielo; (3) los cielos están formados por innumerables comunidades, y cada comunidad es un cielo a escala más reducida y cada ángel es un cielo a escala aún más reducida; (4) todo el cielo, considerado como una sola entidad, refleja a un solo individuo; (5) cada comunidad de los cielos refleja a un solo individuo; (6) por consiguiente, cada ángel tiene una forma humana perfecta. Todas estas proposiciones conducen a la conclusión de que, precisamente porque es lo Divino lo que hace el cielo, lo Divino es humano en su forma.

La verdad de esto se me ha demostrado con una multitud de experiencias, algunas de las cuales se mencionan a continuación.

Ninguno de los ángeles de los cielos ve jamás lo Divino en otra forma que no sea humana. Lo que es aún más extraordinario, los ángeles de los cielos más elevados no pueden pensar en lo divino de ninguna otra manera. Se ven obligados a pensar de esta forma debido a la divinidad esencial que fluye hacia su interior, y también debido a la forma del cielo, la cual determina cómo se extienden sus pensamientos a su alrededor. De hecho, todos los pensamientos que tienen los ángeles se extienden por el cielo, y su inteligencia y sabiduría son proporcionales a la extensión que alcanzan. Es por esto que allí todos reconocen al Señor, puesto que lo humano-divino existe sólo en él. Esto no sólo me lo han dicho los ángeles, sino que se me ha permitido percibirlo cuando se me elevó a una esfera más interior del cielo.

Podemos ver, pues, que cuantos más sabios son los ángeles, más claramente perciben estas cosas, y es por eso que el Señor les es visible. El Señor se les aparece en una forma angélica-divina, que es la forma humana, a las personas que reconocen a un Ser Divino visible y confían en él, pero no a las personas que sólo reconocen y confían en un Ser Divino invisible. Los primeros pueden ver la [forma] divina del Señor, pero no los últimos.

Puesto que el cielo en su totalidad y en sus partes refleja a una persona, en virtud de lo humano-divino del Señor, los ángeles dicen que están "en el Señor" e incluso que están "en su cuerpo", con lo que quieren decir que están en la sustancia misma de su amor. Esto es también lo que el Señor nos enseña al decirnos: "Permanezcan en mí como yo permanezco en ustedes. Un sarmiento no puede producir fruto por sí mismo si no permanece unido a la vid: tampoco ustedes pueden producir fruto si no permanecen en mí; sin mí no pueden hacer nada. Permanezcan en mi amor. Si cumplen mis mandamientos, permanecerán en mi amor." (Juan 15, 4-10.)

Puesto que es así como el Ser Divino es percibido en los cielos, a todos aquellos que aceptan el influjo del cielo les es instintivo pensar en el Señor en forma humana. Así pensaban los antiguos, y aun las personas de hoy en día lo hacen, tanto fuera como dentro de la iglesia. La gente sencilla ve al Señor en su pensamiento como un hombre anciano, en toda su gloria.

Pero este instinto ha sido ahogado por todos aquellos que se han distanciado de toda influencia celestial a causa del orgullo que sienten por su propia inteligencia y por su vida malvada. Quienes han sofocado este instinto debido al orgullo por su propia inteligencia prefieren un Dios invisible, mientras que los que lo han hecho por llevar una vida mala prefieren no tener ningún Dios en absoluto. Dado que no tienen este instinto, ninguno de los dos tipos sabe siquiera que dicho instinto existe, a pesar de que ésta es en esencia la naturaleza celestial divina que fluye en nosotros ante todo y sobre todo desde el cielo, porque nacemos para el cielo; y nadie entra al cielo sin tener algún concepto del Ser Divino.

La gente del cielo se maravilla de que la gente de la tierra se crea inteligente cuando, en el proceso de pensar en Dios, piensan en algo invisible, en algo que no se puede comprender en ninguna forma; y que estas personas consideren poco inteligentes y simplones a los que piensan de otra manera, cuando en realidad lo cierto es todo lo contrario. La gente del cielo afirma que, si todas aquellas personas que se consideran inteligentes por este motivo se examinaran a sí mismas, encontrarían a la naturaleza en el lugar de Dios: para algunos sería la naturaleza que ven frente a ellos; para otros, una naturaleza que no se puede ver con los ojos. Descubrirían que están tan ciegos que no saben qué es Dios, qué es un ángel, qué es un espíritu, qué es el alma que ha de vivir después de la muerte, qué es la vida en el cielo para nosotros, ni muchas otras cosas que son asuntos de la inteligencia. Sin embargo, todos aquellos a quienes llaman simples saben estas cosas a su manera. Tienen una imagen de Dios como un Ser Divino con forma humana, la imagen de un ángel como una persona celestial, un concepto de su alma que vivirá después de la muerte representada como un ángel, y un concepto de la vida del cielo que aquí llevamos nosotros consistente en vivir de acuerdo con los divinos mandamientos. Los ángeles se refieren a tales personas como inteligentes y capacitadas para el cielo, pero de los otros dicen que no son inteligentes.

EXISTE UNA CORRESPONDENCIA ENTRE TODO LO QUE HAY EN EL CIELO Y TODO LO QUE HAY EN EL SER HUMANO

La gente hoy en día no sabe lo que es la "correspondencia". Hay muchas razones por esta ignorancia, de las cuales la principal es que nos hemos distanciado del cielo debido a nuestro amor a nosotros mismos y al mundo. Como se sabe, las personas que ante todo se aman a sí mismas y al mundo se concentran en nada más que asuntos mundanos, por la gratificación que éstos les proporcionan a sus sentidos más exteriores y por el placer que le brindan a su estado de ánimo. No ponen interés en los asuntos espirituales porque éstos ofrezcan gratificación a sus sentimientos más profundos y porque deleiten su mente, por lo que prefieren poner de lado estos asuntos, alegando que son asuntos demasiado elevados para pensar en ellos.

La gente de antaño so comportaba de manera diferente. Para ellos, el conocimiento sobre las correspondencias era la perla de todos los conocimientos. Por ese medio aumentaban su inteligencia y su sabiduría, y por ese medio, quienes pertenecían a la iglesia tenían comunicación con el cielo. El conocimiento sobre las correspondencias es de hecho un conocimiento angelical.

Los hombres más antiguos, que eran celestiales, pensaban como los ángeles por medio de correspondencias, por lo que incluso podían conversar con los ángeles. Más aún, el Señor frecuentemente les era visible y les enseñaba. Sin embargo, hoy en día este conocimiento se ha perdido tan completamente que ya nadie sabe lo que es la correspondencia.

Primero, pues, tengo que aclarar qué es correspondencia. Todo el mundo natural responde al mundo espiritual: el mundo natural no sólo en general, sino también en detalle. De este modo, se dice que cualquier cosa que surja en el mundo natural, proveniente del espiritual, es "algo que corresponde". Es preciso comprender que el mundo natural procede del mundo espiritual y se conserva gracias a éste, exactamente como un efecto se relaciona con su causa eficiente.

Por "mundo natural" me refiero a toda aquella extensa realidad que se halla bajo nuestro sol y que recibe de él su luz y su calor. Todas las cosas que conservan su existencia a partir de esa fuente pertenecen a ese mundo. En cambio, el mundo espiritual es el cielo, y a ese mundo le pertenecen todas las cosas que están en los cielos.

Puesto que un ser humano es un cielo y un mundo en la forma más reducida, a imagen de la forma mayor, hay un mundo espiritual y un mundo natural dentro de cada uno de nosotros. Los elementos más profundos, que pertenecen a nuestra mente y se relacionan con el entendimiento y la voluntad, constituyen nuestro mundo espiritual, mientras que los elementos exteriores, que pertenecen a nuestro cuerpo y se relacionan con nuestros sentidos y acciones, constituyen nuestro mundo natural. Cualquier cosa que ocurre en nuestro mundo natural (es decir, en nuestro cuerpo y en sus sensaciones y acciones) a consecuencia de nuestro mundo espiritual (esto es, a causa de nuestra mente y de su entendimiento y voluntad) es algo que corresponde.

En el rostro humano podemos ver qué es la correspondencia. En una cara que no ha aprendido a disimular, todos los afectos de la mente se manifiestan visiblemente de manera natural, como si estuvieran impresos en ella, que es por lo cual decimos que el rostro es "el índice de la mente". Esto es nuestro mundo espiritual dentro de nuestro mundo natural. De la misma manera, ciertos elementos de nuestro entendimiento se manifiestan en nuestro modo de hablar, y ciertos asuntos de nuestra volición, en nuestro comportamiento físico. Entonces, las cosas que suceden en el cuerpo, ya sea en nuestro rostro, en el habla o en nuestro comportamiento, se denominan correspondencias.

EXISTE UNA CORRESPONDENCIA ENTRE EL CIELO Y TODAS LAS COSAS DE LA TIERRA

Todas las cosas terrenales se diferencian en tres clases que llamamos "reinos", a saber, el reino animal, el vegetal y el mineral. Los miembros del reino animal son correspondencias de primer nivel porque están vivos. Los miembros del reino vegetal son correspondencias de segundo nivel porque simplemente crecen. Los miembros del reino mineral son correspondencias de tercer nivel porque ni están vivos ni crecen.

Las correspondencias en el reino animal son las criaturas vivientes de diversas especies, tanto las que caminan y reptan sobre la tierra como las que vuelan en el aire. No es necesario enumerarlas porque son bien conocidas. Las correspondencias en el reino vegetal son todas las cosas que crecen y florecen en jardines, bosques, granjas y campos, y que también son tan conocidas que no es necesario nombrarlas. Las correspondencias en el reino mineral son los metales nobles y metales base, las piedras preciosas y las comunes, y las diferentes clases de tierras, así como los cuerpos de agua. Aparte de éstas, las cosas creadas a partir de estos elementos por la laboriosidad humana para nuestro uso también son correspondencias: cosas como los alimentos de todo tipo, la ropa, las casas, los grandes edificios, y demás. Las cosas que están fuera de la tierra también son correspondencias—cosas como el sol, la luna y las estrellas—, al igual que los fenómenos que ocurren en nuestras atmósferas, como las nubes, la bruma, las lluvias, los relámpagos y los truenos. Las emanacionesos del sol con su presencia y su ausencia—como la luz y la sombra, el calor y el frío—también son correspondencias; e igualmente lo son corolarios como los tiempos del año que llamamos primavera, verano, otoño e invierno, y los tiempos del día: la mañana, el mediodía, la tarde y la noche.

El hecho de que todo en este mundo provenga de lo Divino y esté revestido de aquellos elementos de la naturaleza que le permiten estar presente, tener alguna utilidad y, por consiguiente, corresponder se deduce lógicamente a partir de pequeñas cosas que podemos observar, tanto en el reino animal como en el vegetal. En ambos hay cosas que cualquiera, con sólo pensarlo con atención, puede ver que tienen que provenir del cielo. A modo de ilustración, mencionaré sólo unas cuantas de las innumerables cosas que se pueden citar.

Primero algunas del reino animal. En este campo, mucha gente comprende qué tipo de conocimiento es virtualmente instintivo en cualquier criatura que se escoja. Las abejas saben cómo recolectar la miel de las flores, cómo construir celdas de cera en las cuales almacenan su miel, y así asegurarse el alimento para sí mismas y para sus familias para el siguiente invierno. La abeja reina pone los huevos, mientras que las otras los cubren para cerrar las celdas y guían a la reina durante la postura para que pueda nacer una generación nueva. Todas ellas viven bajo una especie de gobierno que todas conocen instintivamente; protegen a los miembros útiles y expulsan a los inútiles, cortándoles las alas. Hay aún más maravillas que el cielo les da para su uso. En efecto, su cera le sirve a la raza humana en el mundo entero para hacer velas, y su miel para darle sabor a la comida.

¡Y qué decir de las orugas, las criaturas más bajas del reino animal! Saben cómo nutrirse con la savia de las hojas y, a su debido tiempo, cómo revestirse ellas mismas de una envoltura y ponerse virtualmente en un útero para así dar origen a la siguiente generación de su especie. Algunas primero se convierten en ninfas y crisálidas y tejen hilos, y después de una labor agotadora se engalanan con cuerpos nuevos y se adornan con alas. Luego vuelan por el aire como si ése fuera su cielo, celebran sus "esponsales", ponen sus huevos, y así procuran su posteridad.

Aún más allá de estos ejemplos particulares, todas las aves del aire saben qué alimentos les hacen bien: y no sólo cuáles son, sino también dónde se hallan. Saben cómo construir sus nidos—cada especie de una manera particular que las distingue de todas las demás—, saben cómo poner en ellos sus huevos, incubarlos, ver los polluelos salir del cascarón y alimentarlos, y después, cuando los polluelos ya se pueden valer por sí mismos, expulsarlos del nido. También saben cuáles son los enemigos particulares que deben evitar y los aliados con los que se pueden asociar, todo esto desde la más tierna infancia. Sin hablar de las maravillas de los huevos mismos, en los cuales está disponible todo lo necesario para la formación y la alimentación de los embriones, ni de otras incontables maravillas.

¿Acaso podría decir, alguien que piense con algo de sabiduría racional, que tales cosas provienen de alguna fuente que no sea del mundo espiritual, de un mundo cuyas creaciones de origen espiritual son revestidas de un cuerpo físico y presentadas en forma tangible por el mundo natural?

La razón de que los animales terrestres y las aves del aire nazcan con todo este conocimiento y nosotros no, aunque en realidad seamos superiores, es que los animales siguen el orden de vida que les corresponde, y no pueden destruir lo que llevan dentro de sí, proveniente del mundo espiritual, porque no son racionales. Es diferente con nosotros, que pensamos en virtud del mundo espiritual. Puesto que nos hemos corrompido a nosotros mismos al vivir contrariamente a los designios que la razón misma nos ha recomendado, no podemos sustraernos de nacer en la ignorancia total, para que de este modo podamos ser conducidos de vuelta, por medios divinos, desde ahí hasta el orden del cielo.

Podemos deducir cómo corresponden los miembros del reino vegetal a partir de una multitud de casos, por ejemplo, del hecho de que las diminutas semillas crecen hasta convertirse en árboles, generan hojas, producen flores y luego frutos, en los cuales depositan otra generación de semillas, y del hecho de que todas estas cosas ocurren en secuencia y emergen todas juntas en un designio tan maravilloso que no hay modo de describirlo brevemente. Se necesitarían libros enteros, y aun así habría, con respecto a sus usos, misterios más profundos de lo que nuestro conocimiento podría abarcar.

Como estas cosas surgen del mundo espiritual o del cielo, que tiene forma humana, también es cierto que los detalles de ese reino tienen una determinada relación con las características humanas, hecho que algunos individuos del mundo erudito efectivamente reconocen.

A través de mi larga experiencia, he llegado a comprender claramente que cada cosa de ese reino es también una correspondencia. Seguido, al observar en los jardines los árboles y las frutas, las flores y las hortalizas, me he dado cuenta de cosas correspondientes en el cielo. Entonces, he conversado con personas de allí que se hallaban cerca y supe de dónde procedían estas plantas y cuáles eran sus características.

Sin embargo, actualmente nadie puede saber cuáles son las cosas espirituales del cielo a las que corresponden las cosas naturales del mundo, excepto si son vistas desde el cielo, porque en la tierra el conocimiento de las correspondencias se ha perdido por completo. Quisiera mencionar algunos ejemplos para mostrar cómo es la correspondencia de las cosas espirituales con las cosas naturales.

En general, las criaturas vivientes de la tierra corresponden a los sentimientos [o afectos]: las dóciles y las útiles, a los sentimientos buenos; las feroces e inútiles, a los sentimientos malos. Específicamente, las reses y los becerros corresponden a los afectos de la mente natural; las ovejas y los corderos, a los de la mente espiritual. Las criaturas voladoras, especie por especie, corresponden a las actividades cognitivas de cualquiera de los dos niveles de la mente. Es por eso que diferentes animales, como reses y becerros, carneros y ovejas, machos cabríos y cabras, corderos y corderas, al igual que palomas y tórtolas, se aceptaban para uso sagrado en la iglesia israelita, que era una iglesia representativa. Los usaban para sus sacrificios y holocaustos, y usados de este modo correspondían ciertamente a las realidades espirituales que se comprenden en el cielo según su correspondencia.

La razón por la cual los animales, de acuerdo con su género y especie, son afectos y sus consiguientes sentimientos, es que están vivos, y la única fuente de vida para cualquier criatura proviene del afecto y en proporción a él. Nosotros, los seres humanos, somos como los animales en lo que toca a la persona natural, lo cual explica por qué en el habla común nos comparamos con ellos. Por ejemplo, de una persona apacible decimos que es una oveja o un cordero; de una persona violenta, que es un oso o un lobo; de una taimada, que es un zorro o una culebra, y así sucesivamente.

Hay una correspondencia semejante con las cosas del reino vegetal. En términos generales, un jardín corresponde al cielo con respecto a la inteligencia y a la sabiduría, razón por la cual al cielo se le llama jardín de Dios y paraíso, y lo llamamos paraíso celestial.

Los árboles, especie por especie, corresponden a las percepciones y al conocimiento directo de lo que es bueno y verdadero, lo cual da como resultado inteligencia y sabiduría. Así, la gente de la antigüedad, que estaba inmersa en el conocimiento de las correspondencias, celebraba sus cultos en arboledas. Por esto es que los árboles se mencionan tan frecuentemente en la Palabra, y es por esto que al cielo, a la iglesia y a la gente se les compara con ellos—por ejemplo con la vid, el olivo, el cedro, y otros—, y el bien que hacemos se compara con un fruto.

Además, los alimentos que recibimos de ellos, especialmente los que obtenemos de los cultivos sembrados en los campos, corresponden a sentimientos [o sea, a afectos] por lo que es bueno y verdadero porque éstos nutren nuestra vida espiritual del mismo modo que los alimentos de la tierra alimentan nuestra vida natural.

El pan, en términos generales, corresponde al afecto [o sea, al amor] por cualquier cosa que sea buena, porque es el sustento principal de la vida y porque la palabra "pan" ha llegado a representar la alimentación misma. Debido a esta correspondencia, el Señor se denomina a sí mismo el Pan de Vida; y también se debe a esto que en la iglesia israelita se le daba al pan un uso sagrado: en efecto, en el tabernáculo se colocaba pan sobre la mesa y se le denominaba "el pan de presencia". También en aquel entonces, todas las celebraciones del culto divino que se hacían con sacrificios y holocaustos se llamaban "pan". Es así mismo por esta correspondencia por lo cual en la iglesia cristiana el acto de culto más sagrado es la Santa Cena—la Comunión—, en la cual se comparten el pan y el vino.

Podemos mencionar brevemente cómo ocurre la unión del cielo con el mundo por medio de correspondencias. El reino del Señor es un reino de propósitos que son funciones, o—lo que viene siendo lo mismo—de funciones que son propósitos. Por esta razón, el universo ha sido creado y formado por lo Divino de tal manera que las funciones puedan revestirse de materiales que les permitan manifestarse a sí mismas en forma de acción o de resultados, primero en el cielo y luego en este mundo, y así descendiendo paso a paso hasta las cosas más inferiores de la naturaleza. Podemos ver a partir de esto que la correspondencia de los fenómenos naturales con los espirituales, o del mundo con el cielo, se realiza por medio de funciones, y que son las funciones las que los unen. También podemos ver que las formas que recubren a las funciones son correspondencias y uniones en la medida en que son formas de las funciones.

Pero en lo que se refiere a nosotros, nuestras acciones son servicios recubiertos de formas en la medida en que estemos viviendo según el orden divino, es decir, amando al Señor y siendo considerados con el prójimo. En esa medida, nuestras acciones son correspondencias que nos unen al cielo. En términos generales, amar al Señor y al prójimo es ser útil.

Además, necesitamos saber que es a través de la humanidad que el mundo natural está unido al mundo espiritual: que nosotros somos el medio de tal unión. Pues hay dentro de nosotros un mundo natural y también un mundo espiritual; de ahí que, en la medida en que somos espirituales, somos un medio de unión. Sin embargo, en la medida en que somos naturales y no espirituales, no somos un medio de unión. El influjo del Señor en el mundo y en los dones del mundo dentro de nosotros continúa incluso sin nuestra ayuda, pero no entra en nuestro funcionamiento racional.

EL SOL EN EL CIELO

El sol de nuestro mundo no es visible en el cielo, y tampoco lo es ninguna cosa que se derive del sol, porque todo eso es natural. Es más, la naturaleza empieza con ese sol, y toda cosa producida por él se dice que es natural. Por otra parte, la realidad espiritual en la cual existe el cielo está por encima de la naturaleza y es completamente diferente de todo lo natural. Los dos mundos se comunican entre sí sólo a través de correspondencias.

Sin embargo, a pesar de que ni el sol de este mundo ni nada que se derive de él es visible en el mundo celestial, existe allí un sol; hay luz y calor; existen allí todas las cosas que tenemos en nuestro mundo y muchas más—aunque no del mismo origen, puesto que las cosas del cielo son espirituales mientras que las cosas de nuestro mundo son naturales.

El sol del cielo es el Señor; allí la luz es la verdad divina y el calor es el bien divino que irradian del Señor como sol. Todo lo que tiene existencia y que se manifiesta en los cielos surge de esta fuente.

La razón de que en el cielo el Señor aparezca como el sol es que él es el amor divino del cual todas las cosas espirituales tienen su ser y, por medio del sol de nuestro mundo, también proceden todas las cosas naturales. Ese amor es lo que brilla como un sol.

Sin embargo, cuando el Señor aparece en el cielo (lo cual ocurre con frecuencia) no aparece vestido con el sol, sino en una forma angelical, la cual se distingue de los ángeles por la calidad divina que irradia de su rostro. En realidad, él no está allí en persona—puesto que el Señor "en persona" siempre está vestido con el sol—, sino que está presente en apariencia. Es común en el cielo que las cosas se vean como si estuvieran presentes en el lugar donde su apariencia se enfoca o se delinea, aun si están muy lejos del sitio donde realmente se encuentran. Tal presencia se llama "presencia por la vista interior".

Dado que el Señor es el sol del cielo, y puesto que todo lo que procede de él mira hacia él, el Señor es el centro común, la base de toda dirección y orientación. Así también, todo lo que está por debajo de él está en su presencia y bajo su control: todo lo que hay en los cielos y todo lo que hay en la tierra.

LA LUZ Y EL CALOR EN EL CIELO

Aquellos que piensan sólo con base en la naturaleza no pueden comprender el hecho de que haya luz en los cielos; sin embargo, en los cielos hay tanta luz que es muchísimo más intensa que la luz de mediodía en la tierra. La he visto a menudo, aun durante nuestras tardes y nuestras noches. Al principio me quedé asombrado cuando escuché a unos ángeles decir que la luz de nuestro mundo no era nada sino sombra en comparación con la luz del cielo; pero ahora que yo la he visto, yo mismo puedo declarar que así es. Imposible describir su resplandor y su claridad. Todo lo que he visto en el cielo lo he visto en esa luz, y por consiguiente más clara y distintamente que todo lo que he visto en este mundo.

Cuando los seres humanos se centran sólo en este mundo y le atribuyen todo a la naturaleza, están pensando naturalmente. Sin embargo, piensan espiritualmente cuando se centran en el cielo y le atribuyen todo a lo Divino.

Con frecuencia se me ha permitido percibir que la luz que ilumina la mente es una luz verdadera, muy diferente de la que llamamos luz natural. También se me ha concedido verla. He sido elevado gradualmente, en mi interior, hacia esta luz, y a medida que fui elevado, mi discernimiento se fue iluminando a tal grado que fui capaz de comprender lo que no había podido captar antes: en última instancia, cosas que en modo alguno se podrían llegar a comprender a través del pensamiento procedente de la luz natural. A veces he resentido el hecho de que tales cosas fueran incomprensibles [en la luz natural] cuando se podían percibir de manera tan clara y tan cabal en la luz del cielo.

Puesto que en efecto nuestra mente tiene luz, hablamos de ella como hablamos de nuestros ojos: por ejemplo, decimos que ve y que está en la luz cuando comprende algo, y que está en la obscuridad y en las sombras cuando no entiende; y como éstas, hay muchas otras alusiones por el estilo.

Ahora debemos decir algo sobre el calor del cielo. En su esencia, el calor del cielo es amor. Emana del Señor en forma de sol, que es amor divino para el Señor y del Señor, como se explicó en el capítulo anterior. Por ese motivo podemos ver que el calor del cielo es tan espiritual como lo es su luz, porque los dos surgen de la misma fuente.

Hay dos cosas que emanan del Señor como sol: la verdad divina y el bien divino. La verdad divina brota en el cielo como luz, y el bien divino, como calor. Ahora bien, la verdad divina y el bien divino están tan unidos entre sí que no son dos, sino uno. Sin embargo, para los ángeles son dos cosas separadas. Hay ángeles que aceptan el bien divino más fácilmente que la verdad divina, y hay otros que aceptan la verdad divina más fácilmente que el bien divino. Los que están más abiertos al bien divino están en el reino celestial del Señor; los que están más abiertos a la verdad divina se encuentran en el reino espiritual del Señor. Los ángeles más perfectos son los que están igualmente abiertos a ambos.

El hecho de que el amor es calor de origen espiritual puede demostrarse por la forma en que el calor aumenta en nosotros en proporción a nuestro amor, llegando a inflamarnos y acalorarnos en la misma proporción de su intensidad y su calidad, y poniéndose de manifiesto el calor en su más alto nivel cuando nos ataca. Por eso es usual hablar de inflamarse, acalorarse, quemarse, hervir y encenderse, tanto cuando hablamos de la afectividad de un amor bueno como de los deseos fervientes de un amor malo.

CÓMO CAMBIAN LOS ESTADOS DE LOS ÁNGELES EN EL CIELO

Los ángeles no están invariablemente en el mismo estado en lo que respecta al amor, y en consecuencia tampoco se encuentran siempre en el mismo estado en lo que respecta a la sabiduría, puesto que toda la sabiduría que tienen proviene de su amor y guarda proporción con él. A veces se encuentran en un estado de amor intenso, y otras veces en un estado de amor que no es intenso. Su amor decrece en forma gradual, de su mayor intensidad a su intensidad mínima. Cuando se hallan en el estado más elevado de amor, están en la luz y en el calor de su vida, o en la claridad y en el deleite más grandes. A la inversa, cuando están en el nivel más bajo, se hallan en la sombra y la frescura, o en lo tenebroso y lo desagradable. Regresan de este último estado al primero, y después del primero al último, y así sucesivamente. Las fases se siguen una a otra con una variedad constante.

Estos estados se suceden uno al otro como variaciones de luz y sombra, de calor y frío, o como la mañana, el mediodía, la tarde y la noche de los días individuales en nuestro mundo, variando constantemente a lo largo del año. Y no sólo eso, sino que además corresponden: la mañana corresponde al estado de su amor en la claridad; el mediodía, al estado de su sabiduría en la claridad; el atardecer, al estado de su sabiduría en la penumbra, y la noche a un estado sin amor ni sabiduría. Pero debe saberse que no hay correspondencia de la noche con los estados de vida de la gente del cielo, sino más bien una correspondencia con la luz tenue que precede al alba. La correspondencia de la noche es con las personas que están en el infierno.

A causa de esta correspondencia, "día" y "año" se refieren, en la Palabra, a los estados de vida en general; el calor y la luz significan amor y sabiduría; la mañana es el primer y más alto nivel del amor, el mediodía, la sabiduría en su luz; el atardecer, la sabiduría en su sombra, y la media luz, la semioscuridad que precede a la mañana. La noche, en cambio, significa la pérdida del amor y de la sabiduría.

Conforme van cambiando los estados interiores de amor y de sabiduría en los ángeles, así también van variando los estados de las diversas cosas que los rodean y que son visibles a sus ojos, pues a las cosas que rodean a los ángeles se les da su apariencia según las cosas que ellos tienen dentro.

Desde el cielo se me ha dicho por qué ocurren tales cambios de estado. Los ángeles me han explicado que hay muchas razones. En primer lugar, el deleite de la vida y del cielo de que gozan los ángeles gracias al amor y la sabiduría que les da el Señor, iría perdiendo paulatinamente su encanto si los ángeles estuvieran inmersos en él de manera continua, igual que les pasa a las personas que se abandonan a placeres y goces sin variedad. Una segunda razón es que, al igual que nosotros, los ángeles tienen un concepto o imagen de sí mismos, y esto implica amarse a ellos mismos. A todos en el cielo se les mantiene libres del concepto del yo y, en la medida en que el Señor los mantiene en tal libertad, gozan del amor y de la sabiduría. Por el contrario, en la medida en que no se les mantiene libres del concepto del yo, se dejan llevar por el amor a sí mismos; y como todos aman ese sentido del yo y lo llevan consigo, ocurren en efecto estos cambios de estado o de alternancias sucesivas. Una tercera razón es que de esta manera se hacen más perfectos, puesto que se acostumbran a mantenerse en el amor al Señor y a liberarse del amor a sí mismos. Es más, por medio de estas alternancias de deleite y malestar, su percepción y su sensibilidad por lo que es bueno se vuelve más y más sutil.

Los ángeles continuaron diciendo que no es el Señor quien produce estos cambios de estado en ellos, ya que el Señor como sol siempre está fluyendo dentro de ellos con calor y luz, es decir, con amor y sabiduría. Más bien, son ellos mismos la causa, dado que aman su concepto del yo y esto constantemente los induce al error. Los ángeles ilustran esto comparándolo con el sol de nuestro mundo, que no es la causa de los cambios de calor y frío, o de luz y obscuridad, de los distintos años y días, porque se mantiene inmóvil. La razón se halla en nuestra tierra.

Cuando los ángeles están es este último estado, es decir, cuando están inmersos en su concepto del yo, empiezan a deprimirse. He conversado con ellos cuando estaban en tal estado y he sido testigo de su depresión. Sin embargo, seguían diciendo que vivían con la esperanza de regresar pronto a su estado anterior y estar en el cielo otra vez, por decirlo así, puesto que para ellos el cielo consiste en permanecer libres de su concepto del yo.

EL TIEMPO EN EL CIELO

Aunque en el cielo las cosas siguen ocurriendo en secuencia y progresando de la misma manera que lo hacen en el mundo, aun así los ángeles no tienen noción ni concepto alguno del tiempo y del espacio. La ausencia de esta comprensión es tan completa que simplemente no saben lo que son el tiempo y el espacio.

La razón por la cual los ángeles no saben lo que es el tiempo (aunque para ellos todo prosigue en secuencia tal como sucede en nuestro mundo, a tal grado que no hay ninguna diferencia) es que en el cielo no hay ni años ni días, sino sólo cambios de estado. Donde hay años y días, hay tiempos; y donde hay cambios de estado, hay estados.

La razón de que tengamos tiempos en nuestro mundo es que el sol parece moverse en secuencia de una zona a otra y dar origen a los tiempos que llamamos estaciones del año. También parece que se mueve alrededor de la tierra ocasionando los tiempos que llamamos horas del día; todo esto lo hace en periodos fijos.

Es diferente con el sol del cielo. No ocasiona años ni días por medio de movimientos y rotaciones secuenciales, sino que produce cambios de estado aparentes; además, no los produce en periodos fijos. Es por esto que los ángeles son incapaces de tener un concepto del tiempo, pero en su lugar tienen un concepto de estado.

Sucede algo muy semejante con todas las cosas que ocurren como consecuencia del tiempo, como las cuatro estaciones del año llamadas primavera, verano, otoño e invierno; los cuatro tiempos del día llamados mañana, mediodía, tarde y noche; nuestras propias cuatro edades llamadas infancia, juventud, madurez y vejez; y con otras cosas que ocurren como resultado del tiempo o en una secuencia temporal. Cuando pensamos en ellas, lo hacemos desde un punto de vista temporal; pero un ángel piensa en ellas con una perspectiva de estado. Por lo tanto, todo lo que hay en esas cosas que para nosotros sea temporal, se convierte para el ángel en una idea de estado. La primavera y la mañana se transforman en una idea de amor y sabiduría tal como lo son para los ángeles en su primer estado; el verano y el mediodía cambian a una idea de amor y de sabiduría tal como lo son en el segundo estado; el otoño y la tarde, como lo son en el tercer estado; y la noche y el invierno se convierten en un concepto del tipo de estado que es característico del infierno. Por eso es que estos tiempos significan cosas semejantes en la Palabra. Podemos ver, pues, cómo los conceptos naturales que ocurren en nuestro pensamiento se vuelven espirituales para los ángeles que están con nosotros.

Puesto que los ángeles no tienen noción del tiempo, tienen un concepto de la eternidad diferente del que tenemos nosotros en la tierra. Por "eternidad" los ángeles entienden un estado infinito, no un tiempo infinito.

Una vez estaba yo pensando en la eternidad y, usando un concepto de tiempo, pude comprender lo que implica la frase "por toda la eternidad"—a saber, "sin fin"—, pero no lo que abarca "desde la eternidad" y, por lo tanto, tampoco lo que Dios hizo antes de la creación, desde la eternidad. Según iba aumentando mi ansiedad a causa de esto, fui elevado hasta la esfera del cielo y, con esto, a la percepción de la eternidad que comparten los ángeles. Esto iluminó mi entendimiento sobre el hecho de que no deberíamos pensar en la eternidad en términos temporales, sino en términos de estado, y que cuando lo hacemos así, podemos captar lo que implica "desde la eternidad", lo cual realmente me fue concedido.

Me fue dado conocer por experiencia propia cómo es la ignorancia de los ángeles respecto al tiempo. Había en el cielo un individuo particular cuya naturaleza no le permitía penetrar los conceptos naturales que tenemos nosotros. Más tarde hablé con él en persona, y él al principio no sabía a qué me refería con lo que yo estaba llamando "tiempo". Así es que realmente tuve que explicarle cómo el sol parece viajar alrededor de nuestra tierra, dando lugar a años y días, y que en consecuencia los años se dividen en cuatro estaciones y en meses y en semanas, y que los días se dividen en veinticuatro horas, y que estos tiempos se repiten a intervalos fijos. Esto da lugar a nuestras expresiones para el tiempo. Al oír esto, se asombró y dijo que nunca había conocido tal cosa, sino sólo lo que son los estados interiores.

En el transcurso de nuestra conversación, mencioné que en nuestro mundo es bien sabido que en el cielo no existe el tiempo. Realmente hablamos como si lo supiéramos, puesto que, cuando las personas mueren, decimos que han dejado

atrás las cosas temporales y que ya se encuentran más allá del
tiempo, con lo que queremos decir que se han ido de nuestro
mundo. También le conté que algunas personas saben que
los tiempos tienen su origen en los estados, porque reconocen que el tiempo se experimenta de acuerdo con el estado
de ánimo en que nos encontramos. Nos parece breve cuando
estamos sumidos en ocupaciones placenteras y alegres; largo,
cuando estamos inmersos en ocupaciones desagradables y
deprimentes, y variable cuando estamos esperanzados o a la
expectativa. Como resultado, los eruditos se preguntan qué
son el tiempo y el espacio, y algunos de ellos incluso reconocen que el tiempo es un atributo de la persona natural.

Una persona natural puede creer que, si se nos privara
de los conceptos de tiempo, espacio y materia, no podríamos
tener pensamiento alguno: que todo nuestro pensamiento se
basa en estos fundamentos. Sin embargo, hay que saber que
los pensamientos son limitados y restringidos en la medida en
que se derivan del tiempo, del espacio y de la materia, y que
se liberan y se expanden en la medida en que no se derivan de
esas cosas, porque en esa misma medida la mente se eleva por
encima de las consideraciones corpóreas y mundanas. Ésta es
la fuente de la sabiduría de los ángeles, que es tan grande que
la tenemos que denominar incomprensible, puesto que no se
ajusta a las ideas que se forman solamente a partir de estos
intereses [inferiores].

LA ROPA CON QUE APARECEN LOS ÁNGELES

Puesto que los ángeles son personas y viven juntos tal como lo
hace la gente de la tierra, también tienen ropa, casas y muchas
otras cosas: la diferencia es, sin embargo, que todo es más perfecto para ellos porque se encuentran en un estado de mayor
perfección. Pues así como la sabiduría angelical supera nuestra sabiduría tan enormemente que es inexpresable, así también sucede con todo lo que se ofrece a su percepción y a su

vista, ya que todo lo que perciben los ángeles y todo lo que aparece ante ellos corresponde con su sabiduría.

Como todo lo demás, las ropas que visten los ángeles corresponden, y dado que corresponden, verdaderamente existen. Su ropa refleja su inteligencia, de modo que toda la gente del cielo se viste de acuerdo a su inteligencia; y como unos ángeles superan a otros en inteligencia, los primeros tendrán ropas de mejor calidad que los otros. Los más inteligentes usan ropa que resplandece como si estuviera en llamas, otros visten ropa radiante como si estuviera encendida. Los de menos inteligencia llevan ropas de un blanco puro y suave que no brilla, y los de aún menos inteligencia usan ropa de varios colores. Sin embargo, los ángeles del cielo más interior están desnudos.

Podemos afirmar que la ropa de los ángeles no únicamente parece ser ropa, sino que realmente lo es, puesto que ellos no sólo la ven, sino que también la sienten. Además, tienen muchas prendas de ropa que se quitan y se ponen, y guardan la que no están usando, y ponen a la mano la que sí están usando. He visto miles de veces que usan prendas diferentes.

Les he preguntado de dónde consiguen su ropa, y me han dicho que procede del Señor y se les da, y que a veces se les viste sin que lo noten.

LOS HOGARES Y LAS CASAS DE LOS ÁNGELES

Puesto que en el cielo hay comunidades, y en ellas hay personas que viven como lo hacemos nosotros, los ángeles también tienen hogares, los cuales varían según el estado de vida de cada individuo: son espléndidos para aquellos que se lo merecen en especial y menos espléndidos para los que son de rango inferior.

A veces he hablado con los ángeles sobre los hogares del cielo, haciéndoles saber que hoy en día muy poca gente cree que ellos tengan hogares y casas—algunos porque no los ven, otros porque no se dan cuenta de que los ángeles son personas, otros porque creen que el cielo angelical es el firmamento que ven por encima de ellos con sus ojos. Como éste parece estar vacío, y piensan que los ángeles son formas etéreas, llegan a la conclusión de que los ángeles viven en el éter. Además, porque no saben nada respecto al mundo espiritual, no captan el hecho de que en el mundo espiritual existe el mismo tipo de cosas que en el mundo natural.

Pero en este punto convendría presentar algunas pruebas experimentales. Siempre que he conversado en persona con los ángeles, he estado con ellos en sus casas. Sus casas eran exactamente iguales a las casas que en la tierra llamamos hogares, pero más hermosas. Tienen habitaciones, salones y recámaras en abundancia, así como patios con jardines, canteros de flores y prados de césped a su alrededor. Donde hay una cierta concentración de personas, las casas están contiguas, una cerca de la otra, y están dispuestas en forma de ciudad, con calles, avenidas y plazas públicas, tal como las que vemos en las ciudades de nuestra tierra. Se me ha permitido pasear por ellas y explorar por dondequiera que se me antojara, a veces entrando en los hogares. Esto ha ocurrido mientras yo estaba plenamente despierto, con mi visión interior abierta.

La arquitectura del cielo es tal, que se podría decir que es la más pura esencia del arte, lo cual no es sorprendente, puesto que el arte mismo nos viene del cielo.

Los ángeles me dicen que cosas como éstas y muchas otras aún más perfectas les son presentadas a la vista por el Señor; pero dicen que tales visiones deleitan más su mente que sus ojos, porque ven correspondencias en los detalles y, por medio de sus correspondencias, contemplan cosas divinas.

Las casas que habitan los ángeles no se construyen como las de nuestro mundo, sino que el Señor las obsequia gratuitamente a cada individuo, hombre o mujer, según el grado que alcance el individuo en su aceptación de lo que es bueno y de lo que es verdadero. Las casas también cambian ligeramente en respuesta a los cambios de estado de la naturaleza más profunda de los individuos.

Todas las cosas que poseen los ángeles las atribuyen al Señor, y todo lo que necesitan se les concede.

EL ESPACIO EN EL CIELO

A pesar de que todo en el cielo parece estar situado en el espacio como las cosas de nuestro mundo, aun así los ángeles no tienen concepto ni noción algunos de la localización y el espacio. Esto puede parecer paradójico pero, como es sumamente importante, me gustaría hacer algunas aclaraciones al respecto.

Todo movimiento en el mundo espiritual es efecto de los cambios de los estados interiores, al grado de que el movimiento no es nada más que un cambio de estado.

Siendo ésta la naturaleza del movimiento, podemos deducir que el acercamiento es semejanza de estados interiores y el alejamiento, diferencia.

Ésta es también la razón por la cual en el mundo espiritual un individuo está presente para otro tan sólo si esa presencia es anhelada intensamente. Esto se debe a que de esta manera una persona ve a otra con el pensamiento y se identifica con el estado de aquel individuo. A la inversa, una persona se aleja de otra en la medida en que exista cualquier sentimiento de renuencia; y como toda renuencia o repulsión procede de la oposición de afectos y del desacuerdo de los pensamientos, puede haber mucha gente reunida en un solo lugar mientras estén de acuerdo. Pero en cuanto están en desacuerdo, se esfuman.

Siempre que alguien se traslada de un lugar a otro, sea dentro de su pueblo, en su patio, en su jardín, o hacia las personas de otra comunidad, lo hace más rápidamente si está ansioso por llegar y más despacio si no lo está. El camino en sí se alarga o se acorta según el deseo, aunque sea el mismo camino. Lo he visto muchas veces, para mi gran sorpresa.

Con todo esto podemos ver una vez más que la distancia y el espacio mismo dependen por completo del estado interior de los ángeles; siendo así, ninguna noción o concepto del espacio puede penetrar en su mente, a pesar de que ellos tienen espacio igual que lo tenemos nosotros en nuestro mundo.

Podemos ilustrar esto con nuestros propios pensamientos, que también carecen de espacio; porque cualquier cosa en la que concentramos intensamente nuestro pensamiento, nos parece estar presente.

La primera causa esencial de todo esto es que el Señor está presente para cada individuo de acuerdo con el amor y la fe de ese individuo, y que todo parece cercano o lejano según sea la presencia del Señor, puesto que esto es lo que define todo lo que existe en los cielos. Es esto lo que les da sabiduría a los ángeles, porque les otorga un mayor alcance de pensamientos y esto a su vez les brinda la comunicación con todos los seres celestiales. En resumen, esto es lo que les permite pensar espiritualmente, y no naturalmente como lo hacemos nosotros.

LAS FORMAS DE GOBIERNO EN EL CIELO

Puesto que el cielo está diferenciado en comunidades, y las más grandes de ellas constan de varios cientos de miles de ángeles, y como todas las personas que viven en una comunidad determinada se dedican a un bien semejante, pero no con una sabiduría similar, se sigue necesariamente que hay formas de gobierno. Es necesario que se mantenga el buen orden, y que se atiendan también todos los asuntos relativos al buen orden.

Sin embargo, las formas de gobierno reales en el cielo son diversas. Hay un tipo de gobierno en las comunidades que constituyen el reino celestial del Señor y otro tipo en las comunidades que forman el reino espiritual del Señor. Incluso varían según la función particular de cada comunidad. No obstante, en los cielos no hay más gobierno que el gobierno del amor mutuo, y el gobierno del amor mutuo es el gobierno celestial.

En el reino espiritual del Señor hay diversas formas de gobierno, que no es la misma de una comunidad a otra sino que varía de acuerdo a la función que realiza la comunidad. Sus funciones son paralelas a las del [cuerpo] humano, a las cuales corresponden; y la variedad de funciones del cuerpo humano es bien conocida. El corazón tiene una función; los pulmones tienen otra; el hígado, otra; el páncreas y el bazo, otras, y lo mismo sucede con los órganos sensoriales. Tal como se desempeñan estas diversas funciones en el cuerpo, así también se desempeñan las funciones en el humano universal que es el cielo, puesto que son las comunidades del cielo las que corresponden al cuerpo.

Aún así, todas las formas de gobierno comparten un enfoque central en el bien común, que es su meta, y dentro de ese bien, el bien de cada individuo. Esto sucede porque todos en el cielo están bajo la guía del Señor, quien ama a todos y quien, en su amor divino, arregla las cosas de modo que sea a partir del bien común como los individuos reciban lo que es bueno para ellos. Cada individuo es beneficiado en proporción a su amor por la totalidad, pues en la medida en que ama al conjunto, ama a todos los individuos. Como este amor es del Señor, son amados proporcionalmente por el Señor y beneficiados.

De aquí podemos deducir cómo son los gobernantes, a saber, que son las personas que se deleitan en el amor y en la sabiduría más que los otros y, por consiguiente, por ese mismo amor le desean el bien a todos y por esa sabiduría saben cómo asegurárselo a los demás. Tales gobernantes no controlan ni mandan, sino que proveen y sirven, puesto que hacer el bien a otros por amor de lo que es bueno es servir, y asegurar que el bien llegue a la gente es proveer. No se sienten más importantes que otra gente, sino menos, pues ponen el bienestar de la comunidad y del prójimo primero y el propio después. Lo que es primero es más importante, y lo que le sigue es menos.

Sin embargo, sí tienen respeto y prestigio. Viven en el centro de sus comunidades, más elevados que los demás, y también en mansiones espléndidas; y aceptan este prestigio y este respeto. Pero no lo hacen por su provecho, sino en aras de la obediencia. Todos saben que este respeto y este prestigio son dones que les otorga el Señor para que puedan ser obedecidos.

Éste es el significado de las palabras del Señor a sus discípulos:

"El que de ustedes quiera ser grande, que se haga el servidor de ustedes, y si alguno de ustedes quiere ser el primero de entre ustedes, que se haga el esclavo de todos." (Mateo 20, 27-28 [26-28].)

También hay formas de gobierno en los infiernos; pues si no las hubiera, los de allí estarían fuera de control. Sin embargo, las formas de gobernar son allí exactamente las opuestas de las de los cielos, porque las del infierno se derivan del egoísmo. Todas las personas que están ahí quieren controlar a los otros y sobresalir. Odian a los que no están de acuerdo con ellos y emplean medios crueles para vengarse de esos mismos, porque así es el egoísmo. De este modo, entre ellos, son los más crueles los que asumen el poder y son obedecidos por temor. Pero hablaremos de esto más adelante, donde hablo de los infiernos.

EL CULTO DIVINO EN EL CIELO

Exteriormente, el culto divino en los cielos se parece al culto divino en la tierra, pero en el interior es diferente. La gente allí también tiene doctrinas y sermones y templos. Las doctrinas concuerdan en lo esencial, pero las de los cielos más elevados tienen una sabiduría más profunda que las de los cielos menos elevados. Los sermones están en armonía con las doctrinas; y así como los ángeles tienen casas y mansiones, así también tienen templos o iglesias donde se da la instrucción.

La razón de que existan tales cosas en el cielo es que a los ángeles se les perfecciona constantemente en sabiduría y amor. Igual que nosotros, tienen volición e intelecto, y su intelecto, como sus intenciones, tiene una tendencia inherente a hacer un esfuerzo continuo para perfeccionarse: su entendimiento, por medio de las verdades que constituyen la inteligencia; y sus intenciones, por medio de los valores que constituyen el amor.

Todos los predicadores proceden del reino espiritual del Señor y ninguno de su reino celestial. La razón de que procedan del reino espiritual es que allí la gente está compenetrada con las verdades que brotan de lo que es bueno, y toda predicación procede de verdades. La razón de que ningún predicador sea del reino celestial del Señor es que ahí la gente se compenetra con el bien del amor; ve y capta las verdades con base en el amor, pero no habla de ellas.

Si bien los ángeles que están en el reino celestial comprenden y ven verdades, allí también hay sermones puesto que los sermones son un medio de iluminación de las verdades que los ángeles ya conocen y que los conducen a una mayor perfección por medio de muchas cosas que no sabían antes. En el momento en que las oyen, las reconocen y por lo tanto las comprenden. Aman las verdades que captan, y al vivir de acuerdo con ellas, las hacen parte de su vida. Dicen que vivir de acuerdo con las verdades es amar al Señor.

Todas las doctrinas que determinan la predicación tienen como meta la vida: ninguna se enfoca en la fe separada de la vida.

EL PODER DE LOS ÁNGELES DEL CIELO

Quienes no saben nada del mundo espiritual ni de su influjo en el mundo natural no pueden comprender el hecho de que los ángeles tengan poder. Creen que los ángeles no pueden tener ningún poder porque son espirituales y tan puros e insustanciales que ni siquiera los podemos ver con los ojos. Por otra parte, quienes penetran más profundamente en las causas de las cosas tienen una percepción muy diferente. Están conscientes de que todo el poder de que gozamos nosotros mismos procede de nuestro intelecto y volición, puesto que sin éstos no podemos mover ni la parte más minúscula de nuestro cuerpo. El intelecto y la volición constituyen nuestra persona espiritual. Esta persona es la que anima al cuerpo y a sus miembros según su voluntad, pues su boca y su lengua dicen lo que piensa y su cuerpo actúa como ella se lo propone. Hasta brinda energía si lo desea. Nuestras intenciones y nuestro discernimiento están gobernados por el Señor a través de los ángeles y los espíritus; y puesto que es así con nuestras intenciones y con nuestro discernimiento, también lo es con todos los aspectos de nuestro cuerpo, porque éstos proceden de nuestra voluntad y entendimiento. Créase o no, no podemos dar un solo paso sin la afluencia del cielo.

Muchas experiencias me han demostrado que esto es cierto. Se les ha permitido a los ángeles activar mi andar, mis acciones, mi lengua y mi conversación a su antojo, fluyendo dentro de mi voluntad y mi pensamiento, y aprendí en forma directa que yo no puedo hacer nada por mí mismo. Después me dijeron que todos somos regidos de esta manera, y que podríamos aprender todo esto a través de la doctrina de la iglesia y de la Palabra. De hecho, le rezamos muchas veces a Dios que nos mande a sus ángeles a fin de que nos conduzcan, guíen nuestros pasos, nos enseñen y nos inspiren en lo que debemos pensar y decir, y muchas cosas más. . . todo esto a pesar de que en nuestro fuero interior decimos y creemos cosas muy diferentes de lo que enseña la doctrina.

Sin embargo, es importante que se sepa que los ángeles no tienen absolutamente ningún poder por sí mismos, sino que todo su poder procede del Señor. Lo que es más, los ángeles son poderes en la medida en que reconocen este hecho. Cualquiera de ellos que crea que su poder proviene de sí mismo inmediatamente se siente tan débil que no puede enfrentarse ni siquiera a un solo espíritu malo. Es por eso que los ángeles no se atribuyen en absoluto ningún mérito a sí mismos y rechazan toda alabanza o admiración por cualquier cosa que hayan hecho, ya que le atribuyen todo al Señor.

Los ángeles que constituyen el brazo del humano universal o cielo son los que más poder tienen, porque son ellos, más que ningún otro, los que se centran en las cosas verdaderas, y el bien fluye hacia sus verdades desde el cielo entero. Así también toda nuestra fuerza está concentrada en nuestros brazos, y todo el cuerpo expresa sus poderes a través de ellos. Es por eso que, en la Palabra, "brazos" y "manos" representan el poder.

A veces aparece en el cielo un brazo desnudo que posee tanto poder que podría aplastar cualquier obstáculo, aunque fuera una gran roca en la tierra. En una ocasión se dirigió hacia mí y me di cuenta de que podría reducir mis huesos a polvo.

El gran poder que tienen los ángeles, gracias a las verdades que proceden del bien, lo he podido comprobar por el hecho de que un ángel no tiene más que mirar a los espíritus malos para que éstos se desmayen y dejen de parecer humanos, y esto se prolonga hasta que el ángel aparta la mirada. La razón de que los ángeles produzcan tal efecto con la mirada es que su vista procede de la luz del cielo, y la luz del cielo es la verdad divina. Los ojos corresponden a las verdades que surgen del bien.

EL IDIOMA DE LOS ÁNGELES

Los ángeles hablan entre sí tal como lo hacemos nosotros en este mundo. Hablan de diversas cosas: cuestiones domésticas, preocupaciones de la comunidad, y asuntos de la vida moral y de la vida espiritual. No hay ninguna diferencia excepto que conversan con más inteligencia que nosotros porque hablan desde un nivel de pensamiento más profundo.

Muchas veces se me ha permitido estar en su compañía y conversar con ellos como entre amigos, o a veces como extraños; y dado que en esas ocasiones yo me encontraba en un estado semejante al de ellos, me parecía exactamente como si estuviera platicando con la gente de la tierra.

El lenguaje de los ángeles, como el de los seres humanos, se diferencia en palabras. Igual que éste, se pronuncia audiblemente y se oye por medio de sonidos. Los ángeles tienen boca y lengua y oídos tal como nosotros; y también tienen una atmósfera en la cual se articula el sonido de su lenguaje. Pero se trata de una atmósfera espiritual adaptada a los ángeles, que son espirituales. Los ángeles respiran en su atmósfera y usan su respiración para articular palabras tal como lo hacemos nosotros en la nuestra.

Todos en el cielo usan el mismo idioma. Se comprenden unos a otros, sin importar la comunidad de la que vienen, sea cercana o lejana. Este lenguaje no se aprende, sino que es innato; fluye de su afecto y pensamiento. El sonido del lenguaje corresponde a sus afectos, y las articulaciones del sonido, es decir, las palabras, corresponden a las construcciones mentales que surgen de sus afectos. Puesto que su lenguaje corresponde a estos [fenómenos interiores], también es espiritual, pues es afecto audible y pensamiento vocal.

Bien se sabe que toda la gente tiene distintos afectos o estados de ánimo: uno en tiempos de felicidad, otro en momentos de tristeza, otro en momentos de ternura y compasión, otro en momentos de honestidad y verdad, otro en momentos de amor y consideración, otro en momentos de vehemencia o enojo, otro en momentos de simulación y astucia, otro en tiempos de ambición de respeto y adulación, y así muchos más. Pero dentro de ellos hay un afecto o un amor dominante, y así, como los ángeles más sabios pueden percibirlo, al conversar con otra persona se dan cuenta de su estado completo.

Se me ha concedido conocimiento de todo esto a través de abundante experiencia. He escuchado a los ángeles averiguar la vida entera de una persona con sólo escucharla. Me han dicho los ángeles que pueden saber todo sobre la vida de otra persona al escuchar unas cuantas ideas aisladas, porque éstas les permiten conocer el amor que rige a esa persona, puesto que contiene todo en un modelo o patrón. Nuestro "libro de la vida" no es otra cosa que esto.

El idioma angelical no tiene nada en común con el lenguaje humano, excepto por unas cuantas de nuestras palabras cuyo sonido refleja algún sentimiento, y en este caso no con las palabras en sí, sino con su sonido, lo cual se explicará más adelante.

El hecho de que el lenguaje angelical no tenga nada en común con el lenguaje humano se manifiesta en la incapacidad de los ángeles de pronunciar una sola palabra de un lenguaje humano. Lo han intentado sin lograrlo. Lo único que pueden decir son las cosas que están completamente de acuerdo con su propio afecto. Todo lo que no concuerda ofende nada menos que a su vida, puesto que su vida es asunto del afecto y su lenguaje fluye de él.

Me han dicho que el primer lenguaje de la gente de nuestra tierra compartía esta naturaleza porque se les dio desde el cielo, y que el hebreo se le parece en algunos aspectos.

Puesto que el lenguaje de los ángeles corresponde a los sentimientos de su amor, y puesto que el amor del cielo es amor por el Señor y por el prójimo, podemos ver cuán elegante y placentera debe ser su conversación. Afecta no sólo los oídos, sino también los niveles más profundos de la mente de quienes la escuchan. Había en una ocasión un espíritu de una naturaleza particularmente fría con quien conversó un ángel, y el espíritu llegó a sentirse tan conmovido por lo que decía el ángel, que se soltó llorando, aunque nunca antes había llorado. Dijo que no lo podía evitar: que el amor mismo estaba hablando.

El lenguaje de los ángeles también está lleno de sabiduría, puesto que fluye de los niveles más profundos de su pensamiento, y su pensamiento más profundo es la sabiduría, del mismo modo que su sentimiento más profundo es el amor. Su amor y su sabiduría se unen en el habla. El resultado es que su conversación está tan llena de sabiduría que pueden expresar con una sola palabra lo que nosotros no podemos ni con mil; y los conceptos de su pensamiento pueden abarcar tales cosas que nos son imposibles de captar, y mucho menos de expresar. Por eso se dice que las cosas que se han oído y se han visto en el cielo son inexpresables, cosas que el oído jamás ha escuchado, ni el ojo ha visto.

Se me ha concedido tener conocimiento de esto también a través de la experiencia. A veces se me ha situado en el mismo estado espiritual que los ángeles y he conversado con ellos encontrándome en ese estado. En tales ocasiones comprendía todo, pero en cuanto regresaba a mi estado original y, por lo tanto, al proceso cognitivo normal de la conciencia física, y quería recordar lo que había escuchado, no lo podía hacer. Había miles de cosas que no encajaban en las ideas naturales y que, por ello, resultaban inexpresables excepto a través de sutiles alteraciones en la luz celestial, pero, aun así, imposibles de expresar en palabras humanas.

Este tipo de idioma que encontramos en el mundo espiritual es innato en todos nosotros, pero sólo en lo más profundo de nuestro intelecto. Sin embargo, puesto que en nosotros no se traduce en palabras que reflejen nuestros afectos de la misma manera en que lo hace con los ángeles, no tenemos conciencia de que lo poseemos. Pero ésta es la razón por la cual, cuando llegamos a la otra vida, tenemos acceso al lenguaje de los espíritus y de los ángeles y podemos hablar con ellos sin que nadie nos tenga que enseñar.

Como ya se mencionó, en el cielo hay un solo idioma para todos; pero varía en el sentido de que el lenguaje de los que son más sabios es más profundo y está más lleno de matices de afectos y de conceptos específicos. El idioma de los individuos menos sabios es menos profundo y no tan lleno de matices, y el de la gente simple es todavía menos profundo, y de hecho consiste en palabras que transmiten significado tan sólo de la manera en que lo hacen cuando nosotros, aquí en la tierra, nos hablamos unos a otros.

También hay un lenguaje de expresiones faciales que se alternan con sonidos modificados por ideas, y un lenguaje en el cual las imágenes del cielo se combinan con conceptos y los conceptos se presentan visualmente. Hay también un lenguaje de movimientos corporales que responden a los afectos y que expresan las mismas cosas que sus expresiones verbales. Existe un idioma de sentimientos compartidos y de pensamientos compartidos; hay un lenguaje que es atronador; y así existen otros más.

CÓMO HABLAN CON NOSOTROS LOS ÁNGELES

Los ángeles que hablan con nosotros no lo hacen en su propio lenguaje, sino en el nuestro, o en otros que podamos entender bien, pero no en idiomas que no conozcamos. La razón es que, cuando los ángeles hablan con nosotros, se vuelven hacia nosotros y se unen a nosotros; y una consecuencia de esta unión es que así los dos participantes usan el mismo proceso de pensamiento. Puesto que nuestro pensamiento está íntimamente relacionado con nuestra memoria, y nuestro lenguaje fluye de ella, los dos participantes, ángel y humano, comparten el mismo lenguaje. Lo que es más, cuando los ángeles o los espíritus vienen hacia nosotros y se nos unen, volviéndose hacia nosotros, penetran toda nuestra memoria de manera tan absoluta que parece exactamente como si ellos supieran todo lo que sabemos nosotros, incluso nuestro idioma.

El motivo por el cual los ángeles y los espíritus están tan íntimamente unidos a nosotros que les parece como si nuestras características fueran las suyas propias, es que dentro de nosotros hay una unión tan íntima del mundo espiritual y el mundo natural, que son prácticamente uno solo. Sin embargo, debido a que nosotros mismos nos hemos separado del cielo, el Señor ha provisto que haya ángeles y espíritus con cada uno de nosotros para que él nos gobierne a través de ellos. Es por eso que hay una unión tan íntima.

Cuando los ángeles y los espíritus hablan con nosotros, los sonidos son tan audibles como cuando conversamos entre nosotros, pero no son audibles para las personas que se encuentran cerca: sólo para nosotros. Esto sucede porque el habla de un ángel o un espíritu fluye primero en nuestro pensamiento y después, a través de una ruta interior, llega al órgano auditivo, activándolo desde adentro. Cuando hablamos entre nosotros, nuestras palabras fluyen primero en el aire y luego entran en nuestro órgano auditivo, activándolo por la vía exterior. De aquí podemos ver, pues, que la conversación de un ángel o un espíritu con nosotros la escuchamos desde nuestro interior y, como esto activa nuestro mecanismo auditivo exactamente de la misma manera [que como lo hacen nuestras conversaciones habituales], es igualmente audible.

El hecho de que las palabras de un ángel o un espíritu fluyan hasta nuestro oído desde adentro se me mostró claramente por la forma en la cual fluían también hacia mi lengua, haciéndola vibrar ligeramente, aunque no con el movimiento real que nosotros usamos al articular los sonidos del habla para formar palabras.

Hablar con espíritus, sin embargo, se permite muy raras veces hoy en día porque es peligroso. En esas circunstancias, los espíritus saben de que están con nosotros, lo cual no sabrían de otra forma; y los espíritus malos, por su naturaleza, sienten un odio mortal por nosotros y anhelan nada menos que nuestra destrucción total, en cuerpo y alma. Esto es lo que en realidad les pasa a las personas que acostumbran perderse en falsas ilusiones, al grado de que llegan a perder contacto con los placeres que son apropiados para su persona natural.

No se le permite a ningún ángel ni espíritu hablar con uno de nosotros desde la memoria propia del ángel o del espíritu, sino solamente desde la memoria del individuo en cuestión. Los ángeles y los espíritus realmente tienen memoria, tal como nosotros. Si un espíritu nos hablara desde su propia memoria, entonces tendríamos toda la impresión de que sus pensamientos son los nuestros, cuando la verdad es que le pertenecerían a él. Sería para nosotros como recordar algo que jamás hemos visto ni oído. Se me ha concedido saber la verdad de esto por experiencia propia.

Por eso es que algunos hombres de la antigüedad tenían la idea de que, pasados unos miles de años, volverían a su vida anterior y a todos sus hechos, y de que, en efecto, ya habían vuelto. Llegaron a esta conclusión basándose en el hecho de que a veces se les presentaba en la mente algo así como un recuerdo de algo que nunca habían visto ni oído. Esto les sucedió porque algunos espíritus habían fluido desde su propia memoria hacia las imágenes que había en los pensamientos de estas personas.

TEXTOS ESCRITOS EN EL CIELO

Puesto que los ángeles sí tienen un idioma y que tal idioma se basa en palabras, también tienen textos escritos; por medio de éstos y de sus conversaciones expresan lo que percibe su mente. A veces se me han mandado páginas cubiertas con escritura, tal como las páginas escritas a mano o impresas y publicadas en nuestro mundo. Hasta las podía leer del mismo modo, pero no se me permitió comprender más que un poco aquí y un poco allá. Esto se debe a que no es acorde con el plan divino que seamos instruidos por materiales escritos en el cielo, sino [solamente] por la Palabra, ya que es el único medio de comunicación y de unión entre el cielo y la tierra, y por tanto entre el Señor y la humanidad.

La existencia de materiales escritos en los cielos está dispuesta por el Señor por amor a la Palabra, puesto que en esencia la Palabra es la verdad divina de la cual tanto los ángeles como la gente de la tierra adquieren toda su sabiduría. Es más, ha sido hablada por el Señor, y lo que es hablado por el Señor atraviesa todos los cielos en secuencia hasta llegarnos a nosotros. De esta manera es adaptada tanto a la sabiduría de que gozan los ángeles como a la inteligencia de que gozamos nosotros. Por lo tanto, los ángeles tienen una Palabra que leen tanto como nosotros leemos la nuestra. Extraen de ella sus principios doctrinales y de ella provienen sus sermones. Es la misma Palabra; pero su sentido natural, lo que para nosotros es el sentido literal, no existe en el cielo. En su lugar, tiene un sentido espiritual, que es su sentido interior.

En otra ocasión me fue enviada del cielo una pequeña hoja con unas cuantas palabras escritas en ella en letras hebreas. Se me dijo que cada letra posee tesoros de sabiduría, y que estos tesoros están contenidos en los dobleces y curvas de las letras, y por lo tanto también en los sonidos. Pude ver con esto el significado de las palabras del Señor: "En verdad les digo: mientras dure el cielo y la tierra, no pasará una letra o una coma de la Ley hasta que todo se realice." (Mateo 5, 18.) Se reconoce en la iglesia que la Palabra es divina hasta en el punto más minúsculo, pero dónde se oculta lo divino dentro de cada punto, esto aún no se sabe y es necesario explicarlo. En el cielo más interior, la escritura consiste en diversas figuras con dobleces y curvaturas, y estas curvas y dobleces concuerdan con la forma del cielo. Por medio de estas figuras los ángeles expresan los tesoros de su sabiduría, incluso muchas cosas que no pueden decir con palabras. Créase o no, los ángeles saben esta escritura sin práctica ni maestros. Están dotados inherentemente de ese conocimiento como lo están del lenguaje mismo, por lo que esta escritura es una escritura celestial. La razón de que estén dotados interiormente de ella es que todo el alcance de los pensamientos y de los afectos de los ángeles, y por consiguiente toda comunicación que provenga de su inteligencia y sabiduría, tiene lugar en armonía con la forma del cielo. Es por eso que su escritura fluye con la misma forma.

Se me ha dicho que antes de que se inventaran las letras, los primeros seres humanos de nuestro planeta tenían este tipo de escritura, y que ésta fue transferida a las letras hebreas, las cuales, en la antigüedad, eran todas curvas, sin que ninguna estuviese marcada por líneas rectas como lo están ahora. Ésta es la razón por la cual existen cosas divinas y tesoros del cielo en la Palabra, hasta en sus detalles, puntos y trazos más diminutos.

Vale la pena saber que en los cielos la escritura fluye espontáneamente desde los pensamientos. Se hace con tal facilidad que es como si el pensamiento se proyectara por sí mismo. La mano no se detiene en búsqueda de cierta palabra, porque las palabras—tanto las habladas como las escritas—responden a los pensamientos individuales, y todo lo que es receptivo en tan gran medida, es natural y espontáneo.

También hay cosas escritas en los cielos sin el uso de las manos, simplemente en respuesta a los pensamientos; pero éstas no perduran.

He visto también materiales escritos en el cielo que no consistían en nada más que en números ordenados en patrones y en series, tal como la escritura de letras y palabras;

y se me ha dicho que estas escrituras vienen del cielo más interior, cuya escritura celestial es percibida por los ángeles de los cielos inferiores como números cuando fluyen hacia ellos pensamientos de un cielo más elevado. También se me ha dicho que esta escritura numérica contiene misterios, algunos de los cuales no se pueden captar con el pensamiento ni expresar con palabras. En efecto, todos los números corresponden con algo y tienen significado según su correspondencia, tal como las palabras, pero con la diferencia de que los números representan entidades generales y las palabras entidades específicas. Puesto que una entidad general implica innumerables entidades específicas, la escritura numérica contiene más misterios que la alfabética.

Así pude ver que los números en la Palabra tienen significado tal como las palabras. Lo que significan los números simples, como 2, 3, 4, 5, 6, 7, 8, 9, 10, y 12, y lo que significan los números compuestos como 20, 30, 50, 70, 100, 144, 1000, 10,000 y 12,000 y otros, se puede ver en [mi obra] *Los Arcanos Celestes* donde se tratan estos asuntos.

Si la gente no tiene un concepto del cielo y no quiere tener más concepto de él que el de cierta atmósfera insustancial en la que los ángeles vuelan de un lado a otro como mentes intelectuales privadas de los sentidos del oído y de la vista, no puede creer que los ángeles tengan lenguaje y escritura. Esta gente sitúa la presencia entera de todo en la materia. Sin embargo, las cosas que se ven en el cielo ocurren con tanta realidad como las de nuestro mundo, y los ángeles que están allí tienen todo lo necesario para la vida y todo lo necesario para la sabiduría.

LA SABIDURÍA DE LOS ÁNGELES DEL CIELO

Podemos percatarnos de cuán grande es la sabiduría de los ángeles por el hecho de que en el cielo hay una comunicación que incluye a todos. La inteligencia y la sabiduría de un individuo se comparte con otros: el cielo es donde todos comparten todo lo valioso. Es así porque la misma naturaleza del amor celestial consiste en desear que lo que le pertenece a uno le pertenezca al prójimo; entonces, nadie en el cielo considera que su bien es un bien auténtico a menos que también sea de otro. Ésta es también la base de la felicidad del cielo. Los ángeles son conducidos a ella por el Señor, cuyo amor divino tiene esta misma cualidad.

También se me permitió conocer por experiencia propia este tipo de comunicación en los cielos. Una vez unas personas sencillas fueron llevadas al cielo y en cuanto llegaron alcanzaron también una sabiduría angelical. Pudieron comprender cosas que no habían podido captar antes y dijeron cosas que no hubieran podido expresar en su estado anterior.

No hay palabras adecuadas para describir la calidad de la sabiduría angelical, así que sólo se puede sugerir con algunas generalizaciones. Los ángeles pueden expresar con una palabra lo que nosotros no podríamos expresar con mil. Además, en una sola palabra de los ángeles existen innumerables cosas que las palabras humanas jamás tendrán la capacidad de expresar. En los detalles del habla angelical hay en realidad tesoros de sabiduría unidos indisolublemente entre sí, que quedan por completo fuera del alcance del conocimiento humano. De igual manera, todo aquello que los ángeles no pueden evocar con las palabras de su lenguaje, lo complementan con el sonido, el cual incorpora en ellas la sensibilidad que poseen los ángeles hacia la disposición apropiada de las cosas; porque expresan sus afectos por medio de sonidos y los conceptos derivados de sus sentimientos a través de las palabras. Por eso se dice que las cosas que la gente ha oído en el cielo son inefables.

Los ángeles también pueden expresar en pocas palabras absolutamente todos los detalles escritos en un libro completo, dando a cada palabra algo que la eleva hacia una sabiduría más profunda. Por naturaleza, su lenguaje está en concordancia con sus sentimientos y cada palabra concuerda con sus conceptos. Las palabras en realidad varían con una infinidad de matices según la secuencia en que los ángeles expresen las cosas que son simultáneas en su pensamiento.

Los ángeles del cielo más interior incluso pueden conocer la vida entera de la persona que habla tan sólo por el tono de voz y unas cuantas palabras. A través de la forma en que el sonido se diferencia de conceptos en palabras, los ángeles realmente pueden percibir el amor que rige en la vida del que habla, porque en ese amor están grabados, por así decirlo, hasta los más mínimos detalles de la vida.

A pesar de que la sabiduría de los ángeles se sigue perfeccionando continuamente, nunca en toda la eternidad podrá perfeccionarse tanto que pueda existir alguna proporción entre la sabiduría de un ángel y la sabiduría divina del Señor. Porque la sabiduría divina del Señor es infinita y la de los ángeles es finita, y no puede haber proporción alguna entre lo infinito y lo finito.

EL ESTADO DE INOCENCIA
DE LOS ÁNGELES EN EL CIELO

Pocos en nuestro mundo saben lo que es la inocencia o qué es la calidad de la inocencia, y la gente que se dedica al mal no lo sabe en absoluto. Por supuesto, la inocencia es visible a nuestros ojos: es un algo que se percibe en la cara y en la voz y en los gestos, especialmente de los niños muy pequeños. Pero aun así, no sabemos lo que es, ni mucho menos que se halla donde el cielo yace oculto dentro de nosotros. Para darlo a conocer, quisiera proceder en orden y hablar primero sobre la inocencia de la infancia, luego sobre la inocencia de la sabiduría, y finalmente sobre el estado del cielo con respecto a la inocencia.

La inocencia de la primera infancia, o de los niños pequeñitos, no es inocencia verdadera, puesto que es solamente
cuestión de forma exterior y no de forma interior. Aun así,
podemos aprender de ella cómo es la inocencia, puesto que
sí irradia de sus rostros y de algunos de sus gestos y de sus
primeros intentos de hablar, y afecta [a quienes están a su
alrededor]. La razón por la cual no es verdadera inocencia es
que los pequeñitos no tienen pensamiento interior: no saben
aún lo que es el bien y el mal, ni lo verdadero y lo falso, y
este conocimiento es la base de nuestro pensamiento. Por lo
tanto, no tienen forma de prever, no tienen premeditación y,
por consiguiente, ninguna intención mala. No tienen un concepto de su persona adquirido a través del amor a sí mismos
y al mundo. No exigen reconocimiento por nada, sino que les
atribuyen a sus padres todo lo que reciben. Se contentan con
las pocas cositas que se les obsequian y las disfrutan. No se
preocupan por la comida, ni por la ropa, ni por el futuro. No
se concentran en el mundo ni codician mucho de él. Aman
a sus padres, a su nana y a sus amiguitos, y juegan inocente-
mente con ellos. Son dóciles, hacen caso de lo que se les dice
y obedecen; y puesto que están en este estado, aceptan todo
como algo normal en la vida. Por eso mismo tienen hábitos
y un lenguaje adecuados, y los rudimentos de la memoria y
del pensamiento, sin saber de dónde provienen estos dones; y
su estado de inocencia sirve como un medio para aceptarlos
y absorberlos. Sin embargo, dado que semejante inocencia es
estrictamente cuestión del cuerpo y no de la mente, como ya
se ha notado, es externa. Su mente aún no está formada, ya
que la mente es nuestro discernimiento y volición, así como
el pensamiento y afecto que provienen de ellos.

Se me ha dicho desde el cielo mismo que los niños pequeñitos están particularmente al cuidado del Señor, y que desde
el cielo central, donde prevalece el estado de inocencia, hay un
influjo que pasa a través de la naturaleza más profunda de los

pequeños, afectándola en su paso sólo con inocencia. Éste es el origen de la inocencia que podemos ver en sus rostros y en algunos de sus ademanes, y que tan profundamente afecta a sus padres y genera el amor llamado *storge* ("amor familiar").

La inocencia de la sabiduría es inocencia verdadera porque es interior. Es una propiedad de la mente misma y, por lo tanto, de nuestra volición misma y de nuestro consiguiente entendimiento. Cuando hay inocencia en éstos, entonces también hay sabiduría, puesto que la sabiduría es una propiedad de la voluntad y del entendimiento. Por eso dicen en el cielo que la inocencia reside en la sabiduría, y que los ángeles tienen tanta sabiduría como inocencia. Sustentan esta verdad en la observación de que quienes están en un estado de inocencia nunca se atribuyen el mérito por las cosas buenas realizadas, sino que le acreditan y le atribuyen todo al Señor. Quieren ser guiados por él y no por sí mismos; aman todo lo que es bueno, y se deleitan en todo lo que es verdadero porque saben y perciben que amar lo que es bueno, es decir, proponerse el bien y hacerlo, es amar al Señor, y amar lo verdadero es amar al prójimo. Viven contentos con lo que tienen, sea poco o mucho, porque saben que reciben todo cuanto es útil: poco si poco es bueno para ellos, y mucho si mucho es bueno para ellos. No saben qué es lo mejor para ellos: sólo el Señor lo sabe; y en la providencia del Señor, todo lo que da es eterno. Por eso los ángeles no se angustian por el futuro; se refieren a ese tipo de angustia como "afán por el día de mañana", que dicen que no es más que dolor por perder o por no obtener cosas que no son necesarias para las actividades útiles de su vida. Nunca tratan con malas intenciones a sus amigos, sino sólo con intenciones que son buenas, justas y honestas. Dicen que actuar con malas intenciones constituye un engaño, de lo cual rehúyen como del veneno de una serpiente porque es diametralmente opuesto a la inocencia. Puesto que lo que más aman es ser guiados por el Señor, y puesto que le atribuyen todo a él, se mantienen alejados de su egocentrismo, y en la medida en que permanecen alejados de su egocentrismo, el Señor fluye en ellos. Por eso no almacenan en la memoria lo que escuchan de él, ya sea por medio de la Palabra o a través de la predicación, sino que inmediatamente lo asumen, es decir, se lo proponen y lo hacen. Su intención misma es su memoria. En su aspecto exterior parecen ser extraordinariamente sencillos, pero por dentro son sabios y previsores. A ellos se refería el Señor cuando dijo: "Sean, pues, precavidos como la serpiente, pero sencillos como la paloma." (Mateo 6, 10.) Ésta es la naturaleza de la inocencia llamada inocencia de la sabiduría.

Puesto que la inocencia es el núcleo mismo de todo el bien del cielo, también afecta las mentes con tal fuerza que aquellos que la sienten—lo cual ocurre al aproximarse un ángel del cielo más interior—tienen la sensación de no tener control de sí mismos: quedan embargados de una felicidad tan grande, están tan fuera de sí mismos, por así decirlo, que les parece que todo el placer del mundo no es nada en comparación. Digo esto porque lo he experimentado en forma personal.

Todas las personas en el infierno se oponen absolutamente a la inocencia. No saben lo que es. Su naturaleza es tal que, cuanto más inocentes sean otros, más desean causarles daño. Por eso no pueden soportar ver a los niños pequeños. En cuanto los ven, los consume un deseo despiadado de hacerles daño.

EL ESTADO DE PAZ EN EL CIELO

Nadie que no haya experimentado la paz del cielo puede saber en qué consiste la paz de que disfrutan los ángeles. Mientras estamos en nuestro cuerpo, no podemos aceptar la paz del cielo, de modo que no la podemos percibir, puesto que nuestra percepción está en el nivel natural. Para poder percibirla, tenemos que ser el tipo de persona que, en lo que respecta al pensamiento, pueda ser elevada y sacada del cuerpo y transformada en espíritu, para así estar con los ángeles. Dado que yo he percibido de esta manera la paz del cielo, puedo describirla; pero con palabras no puedo describirla como es realmente, porque las palabras humanas no son adecuadas. Valiéndome de ellas sólo puedo expresar cómo es si la comparo con la paz interior que sienten las personas que se complacen en Dios.

Hay dos cosas que son fundamentales en el cielo: la inocencia y la paz. Decimos que son fundamentales porque emanan directamente del Señor. De la inocencia procede todo lo que es bueno del cielo, y de la paz proviene todo el deleite que causa ese bien. Todo lo que es bueno tiene su propio deleite, y ambos—el bien y el deleite—son asuntos de amor. Es así porque a lo que se ama se le denomina bien y además se percibe como un deleite. De aquí se sigue que estas dos cualidades interiores, la inocencia y la paz, emanan del amor divino del Señor y conmueven a los ángeles hasta lo más profundo.

Primero, debemos decir de dónde viene la paz. La paz divina está en el Señor, y surge de la unicidad de su naturaleza divina y de la naturaleza humano-divina que hay en él. La calidad divina de la paz del cielo proviene del Señor, y surge de la unión del Señor con los ángeles del cielo, y específicamente de la unión del bien y la verdad dentro de cada ángel. Éstas son las fuentes de la paz. Podemos concluir, pues, que la paz de los cielos es la naturaleza divina que afecta íntimamente todo lo bueno que hay allí con sus bendiciones. Así, es la fuente de toda la felicidad del cielo. En su esencia, es la alegría divina del amor divino del Señor, que surge de su unión con el cielo y con todos los individuos que se encuentran ahí. Esta alegría, percibida por el Señor en los ángeles y por los ángeles desde el Señor, es la paz, la cual fluye desde allí para proporcionarles a los ángeles todo lo que es bendito y encantador y feliz: lo que se llama "felicidad celestial".

Puesto que éstos son los orígenes de la paz, al Señor se le llama Príncipe de la Paz, y él nos dice que toda paz proviene de él y está en él. Así también a los ángeles se les denomina ángeles de la paz, y al cielo, morada de la paz, como en los siguientes pasajes:

> "Porque un niño nos es nacido, un hijo nos es dado, y el dominio estará sobre su hombro. Se llamará su nombre: Admirable, Consejero, Dios Fuerte, Padre Eterno, Príncipe de Paz. El imperio crece con él y la prosperidad no tiene límites." (Isaías 9, 5–6 [6–7].)

> Jesús dijo: "Les dejo la paz, les doy mi paz. La paz que les doy no es como la que da el mundo." (Juan 14, 27.)

> "Les he hablado de estas cosas para que tengan paz en mí." (Juan 16, 33.)

Debido a que la paz significa el Señor y el cielo, y también la dicha celestial y el deleite del bien, en tiempos antiguos —y aún en el presente—se saludaba diciendo: "Que la paz sea contigo". El Señor confirmó esto también cuando envió a sus discípulos y les dijo: "Al entrar en cualquier casa, bendíganla antes diciendo: 'La paz sea en esta casa'. Si en ella vive un hombre de paz, permitan que la paz que ustedes le traen permanezca ahí." (Lucas 10, 5-6.) Además, el Señor mismo dijo: "Paz a ustedes" cuando se les apareció a los apóstoles. (Juan 20, 19. 21. 26.)

Puesto que la paz divina surge de la unión del Señor con el cielo—y en particular con cada ángel individual en virtud de la unión de lo verdadero y de lo bueno—, cuando los ángeles están en un estado de amor están en un estado de paz, porque es entonces cuando el bien que hay en ellos se une a lo que es verdad (los estados de los ángeles cambian periódicamente). Es parecido a lo que sucede con nosotros cuando estamos siendo regenerados. Cuando dentro de nosotros ocurre una unión de lo bueno y de lo verdadero, cosa que pasa principalmente después de que nos resistimos a las tentaciones, entramos en un estado exquisito que brota de la paz celestial.

Esta paz es como el amanecer o el alba de un día primaveral, cuando la noche ha pasado y todas las cosas de la tierra empiezan a tomar nueva vida con la salida del sol; el rocío que cae del cielo esparce a todo lo largo y ancho una fragancia de hierbas, y la suave tibieza de la primavera vuelve fértiles los campos e infunde su encanto también en las mentes humanas. Por eso la mañana o el alba de un día de primavera corresponde al estado de paz de los ángeles en el cielo.

LA UNIÓN DEL CIELO CON EL GÉNERO HUMANO

Hay espíritus buenos y espíritus malvados con cada individuo. Estamos unidos al cielo a través de los espíritus buenos y con el infierno por medio de los malos. Estos espíritus están en el mundo de los espíritus.

Cuando estos espíritus se nos acercan, entran en nuestra memoria ocupándola toda, y de allí pasan a nuestro pensamiento: los espíritus malos se meten en los asuntos de la memoria y del pensamiento que son malos, y los espíritus buenos, en asuntos de la memoria y del pensamiento que son buenos. Estos espíritus no se dan cuenta en absoluto de que están con nosotros. Más bien, mientras permanecen ahí, creen que todos estos asuntos de nuestra memoria y pensamiento les pertenecen a ellos. Tampoco nos pueden ver porque su vista no se extiende a las cosas que hay en nuestro mundo subsolar.

El Señor se encarga con sumo cuidado de prevenir que los espíritus sepan con quién están. Si lo supieran, le hablarían a la persona, y luego los espíritus malos la destruirían; pues los espíritus malos, estando unidos al infierno, nada desean más que destruirnos, y no sólo en cuanto al espíritu (es decir, en cuanto a nuestro amor y fe), sino también en cuanto a nuestro cuerpo. El caso es diferente cuando no hablan con nosotros, porque no saben que nosotros somos la fuente de lo que están pensando—y de lo que se dicen unos a otros, puesto que se hablan entre sí tal como lo hacemos nosotros—; pero creen que estos asuntos son suyos. Y como valoran y aman todo lo que es suyo, estos espíritus se ven obligados a querernos y a valorarnos, aunque no lo sepan.

La razón por la cual los espíritus relacionados con el infierno también están unidos a nosotros es que nosotros nacemos envueltos en toda clase de males, al grado de que la primera parte de nuestra vida no consiste más que en ellos. Si no se asociaran con nosotros algunos espíritus del mismo tipo, no podríamos ni vivir ni ser liberados de nuestras maldades y ser reformados. Por eso se nos mantiene en nuestra propia vida por medio de espíritus malos, y los espíritus buenos nos refrenan para que no nos sumamos en ella. Mediante los dos tipos de influencia se nos mantiene en equilibrio y, puesto que estamos en equilibrio, gozamos de una medida apropiada de libertad y podemos ser guiados para liberarnos de nuestros males y orientados hacia el bien. Este bien puede igualmente sembrarse en nosotros, cosa que jamás sería posible si no tuviéramos libertad; y la libertad no se nos podría conceder si los espíritus del infierno no estuvieran actuando por un lado y los espíritus del cielo por el otro, con nosotros en medio.

Se me ha mostrado que, en la medida en que existimos por nuestra naturaleza hereditaria y por nosotros mismos, no podríamos tener vida ninguna si no se nos permitiera involucrarnos en el mal. Tampoco tendríamos vida si no tuviéramos alguna medida de libertad, ya que no se nos puede obligar a optar por el bien: nada de lo que se nos impone llega a ser parte de nosotros. También se me ha mostrado que cualquier bien que aceptamos libremente queda sembrado en nuestras intenciones y se vuelve virtualmente nuestro. Es por todo esto que tenemos una comunicación con el infierno y una con el cielo.

La clase de espíritu que se asocia con nosotros depende del tipo de persona que somos respecto al afecto y al amor, aunque los espíritus buenos nos son asignados por el Señor, mientras que nosotros mismos convocamos a los espíritus malos. Sin embargo, los espíritus que están con nosotros cambian a medida que cambian nuestros afectos. Esto quiere decir que tenemos una clase de espíritus con nosotros en la infancia, otra en la niñez, otra conforme vamos creciendo y en la edad adulta, y otra más en la vejez. Durante los primeros años de nuestra vida están con nosotros los espíritus que se encuentran en la inocencia, es decir, espíritus que están en contacto con el cielo de la inocencia: el tercer cielo, o sea el más interior. Durante la niñez avanzada, estamos acompañados por espíritus que están comprometidos con el afecto por el conocimiento y que están en contacto con el cielo más exterior, o sea el primero. Conforme vamos creciendo, en los principios de nuestra edad adulta, nos acompañan los espíritus que son sensibles a los afectos por lo que es verdadero y lo que es bueno, y por consiguiente se relacionan con la inteligencia. Son espíritus que están en contacto con el segundo cielo, o sea el intermedio. Sin embargo, en la vejez, los espíritus que están con nosotros son los que se encuentran en estado de sabiduría y de inocencia y que, por eso mismo, están relacionados con el cielo más interior, o el tercero.

Ahora bien, esta asociación está dispuesta por el Señor para personas que pueden ser reformadas y regeneradas. Es diferente para aquellos que no pueden ser ni reformados ni regenerados. También se les asignan a ellos espíritus buenos para así refrenarlos lo más posible del mal, pero su conexión directa se da con los espíritus malos que están en contacto con el infierno. Esto significa que los espíritus son de la misma naturaleza que las personas con las que se asocian. Ya sea que se amen a sí mismas, o que amen el dinero o la venganza o el adulterio, la misma clase de espíritus está con ellas y hace su residencia, por decirlo así, en los afectos malvados de estas personas. En la medida en que los espíritus buenos no puedan refrenarnos de que nos inclinemos al mal, los espíritus malos nos incitarán; y en la medida en que sea un sentimiento malo el que domine en nosotros, los espíritus malos se aferrarán a nosotros y no desistirán.

De esta manera, la gente malvada está unida al infierno y la gente buena está unida al cielo.

He hablado con los ángeles sobre la unión del cielo con el género humano y, les he dicho que los que están en la iglesia en realidad sí dicen que todo lo bueno proviene del Señor y que hay ángeles con nosotros, pero muy pocos de ellos verdaderamente creen que los ángeles estén tan cerca de nosotros, y mucho menos que se hallen en nuestro pensamiento y afecto. Los ángeles me han dicho que saben que en el mundo existe este tipo de creencia y de hablar vacíos, y especialmente (cosa que les asombra) en la iglesia, donde la gente tiene la Palabra que les enseña sobre el cielo y su unión con ellos. Aun así, la unión es de hecho tan vital que no podríamos tener ni el menor pensamiento sin los espíritus que están con nosotros. De esto depende nuestra vida espiritual. Me decían los ángeles que la razón de esta ignorancia es que la gente cree que vive por su propio esfuerzo, sin ninguna conexión con la realidad última de la vida, y no sabe que existe esta conexión a través de los cielos. Sin embargo, si esa conexión se cortara, caeríamos muertos al instante. Si creyéramos en cómo son las cosas en realidad—que todo lo bueno procede del Señor y todo lo malo del infierno—, no nos atribuiríamos mérito por el bien que hay en nosotros ni nos culparíamos por el mal. Siempre que pensáramos o hiciéramos algo bueno, nos concentraríamos en el Señor, y cualquier mal que fluyera hacia dentro de nosotros lo arrojaríamos de vuelta al infierno de donde vino.

LA UNIÓN DEL CIELO CON NOSOTROS A TRAVÉS DE LA PALABRA

Hemos sido creados de tal forma que tenemos una conexión y una unión con el Señor, mientras que con los ángeles sólo tenemos una asociación. La razón de que sólo tengamos una asociación con los ángeles, y no una unión, es que desde la creación somos como los ángeles con respecto a los niveles más profundos de nuestra mente. Tenemos una determinación semejante y una capacidad de comprensión similar. Por eso nos convertimos en ángeles después de la muerte, si hemos vivido de acuerdo con el orden divino, y por eso, entonces, tenemos sabiduría como ellos. Así pues, cuando hablamos de nuestra unión con el cielo, queremos decir nuestra unión con el Señor y nuestra asociación con los ángeles, puesto que el cielo no es cielo en virtud de lo que realmente les pertenece a los ángeles, sino en virtud de la naturaleza divina del Señor.

Sin embargo, más allá de lo que tienen los ángeles, existe el hecho de que nosotros no estamos solamente en un mundo espiritual debido a nuestra naturaleza interior, sino que al mismo tiempo estamos en un mundo natural en virtud de nuestra naturaleza exterior. Estas cosas exteriores que están en el mundo natural son todo el contenido de nuestra memoria natural o exterior, así como todo lo que pensamos e imaginamos sobre esta base. En general, esto incluye nuestras percepciones y nuestra información, junto con sus deleites y encantos en la medida en que se refieren al mundo, así como todos los placeres que se derivan de nuestros sentidos físicos. También incluye los sentidos mismos y nuestras palabras y acciones. Todas éstas son cosas últimas en las que viene a reposar la afluencia divina del Señor, puesto que ésta no se detiene a medio camino sino que continúa hasta su límite definitivo.

Podemos deducir de esto que la forma última del orden divino está en nosotros, y por ser la forma última, es la base y el fundamento.

Puesto que el influjo divino del Señor no se detiene a medio camino sino que continúa hasta su mismísimo límite, como ya se dijo, y puesto que la región intermedia que atraviesa es el cielo angelical y el límite está en nosotros, y dado que no puede existir nada que no se encuentre en esta conexión, se sigue que existe tal conexión y tal unión del cielo con la humanidad que ninguno de los dos perduraría sin el otro. Si el género humano se separara del cielo, sería como si a una cadena se le quitara un eslabón. Y el cielo, sin el género humano, sería como una casa sin cimientos.

Sin embargo, debido a que nosotros hemos roto esta conexión al apartar del cielo nuestra naturaleza interior para fijarla en el mundo y en nosotros mismos por medio de nuestro amor propio y nuestro amor al mundo, y puesto que nos hemos separado a tal grado que ya no servimos como base y cimiento del cielo, el Señor nos ha provisto de un medio que sirva en lugar de esa base y fundamento y que mantenga la unión del cielo con la humanidad. Ese medio es la Palabra.

Se me ha dicho desde el cielo que la gente de la antigüedad experimentaba revelaciones directas porque su naturaleza interior estaba dirigida hacia el cielo, y que en aquellos tiempos, ésta era la fuente de la unión del Señor con el género humano. Sin embargo, después de aquella época ya no se dio ese mismo tipo de revelación directa, sino una revelación indirecta por medio de correspondencias. Todo el culto divino de esa gente consistía en correspondencias, de modo que a las iglesias de aquel tiempo se les denominaba iglesias simbólicas. Sabían lo que eran las correspondencias y las representaciones y que todo en la tierra respondía a las cosas espirituales del cielo y de la iglesia (o las representaba, que viene siendo lo mismo). De esta manera, los elementos naturales que constituían su culto exterior les servían como medio para pensar espiritualmente y, por lo tanto, para pensar con los ángeles.

Una vez que se perdió todo conocimiento de las correspondencias y de las representaciones, se escribió una Palabra en la cual todas las palabras y sus significados son correspondencias y contienen, por consiguiente, ese significado espiritual o interior del cual se ocupan los ángeles. Así, cuando nosotros leemos la Palabra y la entendemos en su sentido literal o exterior, los ángeles la captan en su sentido interior o espiritual. De hecho, todo el pensamiento de los ángeles es espiritual, mientras que el nuestro es natural. Estas dos formas de pensamiento parecen ser diferentes, pero son una sola porque se corresponden.

En algunas ocasiones he hablado con los ángeles sobre la Palabra, y les he comentado que algunas personas la menosprecian por su estilo pedestre. Esos críticos no saben absolutamente nada sobre su significado más profundo, y por lo tanto no creen que contenga este tipo de sabiduría oculta en su interior. Los ángeles me han dicho que, aunque el estilo de la Palabra pudiera parecer prosaico en su sentido literal, cualitativamente es insuperable porque la sabiduría divina yace oculta no sólo en el sentido general, sino también en cada palabra, y que esta sabiduría resplandece en el cielo.

EL CIELO Y EL INFIERNO
PROCEDEN DEL GÉNERO HUMANO

La gente del mundo cristiano ignora completamente que el cielo y el infierno proceden del género humano. Realmente creen que los ángeles fueron creados desde el principio y que constituyen el cielo, y que el diablo o Satanás era un ángel de luz que se rebeló y que fue desterrado con todos los suyos, y que esto dio lugar al infierno.

Los ángeles no salen de su asombro de que haya tales creencias en el mundo cristiano, y aún más de que la gente no sepa absolutamente nada sobre el cielo, a pesar de que es una de las doctrinas principales de la iglesia. Reconociendo que prevalece este tipo de ignorancia, se alegran profundamente de que ahora el Señor haya deseado revelarnos tanto sobre el cielo—y también sobre el infierno—para así disipar lo más posible la oscuridad que surge a diario porque esta iglesia está llegando a su fin. Por eso quieren que yo atestigüe en su nombre que en todo el cielo no hay un solo ángel que haya sido creado como tal desde el principio, ni hay en todo el infierno un solo demonio que haya sido creado como un ángel de luz que después fue expulsado del cielo. Por el contrario, todos los que viven en el cielo y en el infierno pertenecen al género humano: están en el cielo aquellos que han vivido con amor y fe celestiales, y en el infierno todos aquellos que han vivido con amor y fe infernales.

Hay quienes dicen: "¿Quién ha regresado del cielo para decirnos que existe, o del infierno para informarnos que existe? ¿Y qué es eso de que a los pecadores se les tortura con el fuego por toda la eternidad? ¿Qué es eso del Día del Juicio? ¿Acaso no llevamos siglos de estarlo esperando, pero en vano?" y tantas cosas más que implican la negación de todo. Muchas personas que son particularmente hábiles para los asuntos del mundo piensan así; y entonces, para prevenir que siguieran perturbando o engañando a las personas de fe simple y de corazón sencillo y los llevaran a una oscuridad infernal en lo que respecta a Dios, al cielo, a la vida eterna, y a los demás asuntos que se derivan de ellos, el Señor abrió las partes más recónditas de mi espíritu para permitirme hablar, después de que hubieran muerto, con todas las personas que yo había conocido durante su vida física. He hablado con algunos por varios días, con otros durante meses, y con algunos por un año.

Muchas de las personas que acaban de morir, cuando descubren que son personas vivientes exactamente igual que antes, y en un estado similar (ya que nuestro primer estado después de la muerte es semejante al que teníamos en la tierra, aunque va cambiando gradualmente a medida que tomamos una dirección, ya sea hacia el cielo o hacia el infierno), se han visto conmovidos por un gozo inesperado al encontrarse todavía vivos. Me han dicho que nunca lo hubieran creído posible. Se quedan completamente estupefactos de haber vivido en tal ignorancia y ceguera respecto al estado de la vida después de la muerte.

Muchos eruditos del mundo cristiano se quedan atónitos al encontrarse después de su muerte con cuerpo, vistiendo ropa y viviendo en casas como cuando estaban en el mundo. Al recordar lo que habían pensado sobre la vida después de la muerte, sobre el alma, los espíritus, el cielo y el infierno, se sienten avergonzados y dicen que habían estado pensado tonterías. Dicen que la gente de fe simple había sido mucho más sabia que ellos.

LOS PAGANOS, O LOS QUE ESTÁN FUERA DE LA IGLESIA, EN EL CIELO

La opinión general es que las personas que nacen fuera de la iglesia, gente a la que se denomina "las naciones" o "los gentiles", no se pueden salvar porque no tienen la Palabra y por lo tanto no conocen al Señor; y sin el Señor no hay salvación. Sin embargo, deberían saber que esas personas también se salvan por el hecho de que la misericordia del Señor es universal, es decir, se extiende a todos los individuos. Las personas que no son cristianas nacen tan humanas como la gente que pertenece a la iglesia, la cual en realidad es poca en comparación. No es culpa de ellas no conocer al Señor. En consecuencia, cualquiera que piense con algo de razón iluminada, puede ver que nadie nace para el infierno. El Señor es el amor mismo, y su amor busca salvar a todos. Por lo tanto, se encarga de que todos tengan alguna religión, un reconocimiento del Ser Divino por medio de esa religión, y una vida interior. Es decir, vivir de acuerdo con los principios religiosos que cada uno tenga es tener una vida interior, porque entonces uno se centra en lo Divino; y en la medida en que uno se centra en lo Divino, no se centra en el mundo sino que se aleja de él y, por lo tanto, también de la vida mundana, que es una vida exterior.

Cualquiera puede ver que tanto los no cristianos como los cristianos se salvan si saben qué es lo que constituye el cielo dentro de nosotros. El cielo dentro de nosotros es el reconocimiento de lo Divino y el dejarnos guiar por lo Divino. El principio y fundamento de cada religión es su reconocimiento del Ser Divino; una religión que no reconozca al Ser Divino no es una religión en absoluto. Los preceptos de toda religión se centran en el culto divino, es decir, en cómo honrar al Ser Divino para ser aceptables a sus ojos; y cuando esto ocupa la mente por completo (o en la medida en que nos proponemos esto o amamos aquello) estamos siendo guiados por el Señor.

El cielo en una persona no es igual al cielo en otra. Difiere en cada individuo de acuerdo con el afecto que tenga por lo que es bueno y verdadero. Si la gente está inmersa en un afecto por lo que es bueno por causa de lo Divino, ama también la verdad divina porque el bien y lo verdadero se aman mutuamente y quieren estar unidos. En consecuencia, las personas no cristianas que no han tenido acceso a las verdades genuinas en el mundo, de todos modos las aceptan en la otra vida gracias a su amor.

Había un espíritu de un país no cristiano pero que había vivido una vida buena y considerada de acuerdo con su religión en este mundo. Cuando escuchó a unos espíritus cristianos discutir sobre sus credos (cuando los espíritus hablan entre ellos, razonan de manera mucho más exhaustiva y aguda que la gente de la tierra, especialmente sobre lo que es bueno y verdadero), se asombró mucho al ver que reñían. Les dijo que no quería escucharlos porque estaban alegando con base en apariencias engañosas. El consejo que les dio fue éste: "Si soy una buena persona, puedo saber lo que es verdadero simplemente porque es bueno, y puedo estar abierto a lo que no sé".

Hay personas sabias y sencillas entre los gentiles igual que entre los cristianos. Para que yo pudiera darme cuenta de cómo son, se me ha permitido hablar con ambos tipos, a veces durante horas y hasta durante días. Sin embargo, hoy en día no hay sabios como los que había en los tiempos antiguos, especialmente en la primera iglesia (que abarcaba gran parte del Oriente Cercano y fue la fuente a partir de la cual la religión se extendió a muchos pueblos no cristianos). He tenido el privilegio de conversar personalmente con algunos de ellos con el fin de descubrir cómo eran.

Estaba conmigo un individuo en particular que había sido uno de los grandes sabios de cierta época, y por consiguiente era bien conocido en el mundo erudito. Hablé con él sobre diversos temas y se me dio a entender que era Cicerón. Puesto que yo sabía que era un sabio, conversamos sobre la sabiduría, la inteligencia, el orden de la realidad, la Palabra, y finalmente sobre el Señor. En cuanto a la sabiduría, dijo que no había sabiduría que no fuera asunto de la vida, y que la sabiduría no podía ser atributo de ninguna otra cosa. Sobre la inteligencia, dijo que provenía de la sabiduría. Sobre el orden de la realidad, dijo que procedía de la Deidad Suprema, y que vivir de acuerdo con ese orden es ser sabio e inteligente. En cuanto a la Palabra, cuando le leí algo de los profetas quedó encantado en extremo, sobre todo ante el hecho de que los nombres y las palabras individuales se refirieran a realidades más profundas. Se quedó pasmado al saber que a los eruditos modernos no les deleita ese estudio. Sentí claramente que los niveles más profundos de su pensamiento o de su mente estaban abiertos. Comentó que no podía permanecer presente porque sentía algo demasiado sagrado para que lo pudiera soportar: así de profundamente le afectó.

Sucede a menudo que, cuando los no cristianos entran en la otra vida, si han adorado a algún dios en forma de imagen o de estatua o de ídolo, se les presenta ante personas que hacen el papel de esos dioses o ídolos para así ayudarlos a deshacerse de sus falsas ilusiones. Después de pasar varios días con estas personas, sus falsas ilusiones desaparecen.

Si han adorado a individuos particulares, entonces son presentados o bien a esas mismas personas, o bien a individuos que asumen su papel. Por ejemplo, muchos judíos son presentados a Abraham, Jacob, Moisés o David; pero en cuanto se dan cuenta de que éstos son tan humanos como cualquiera y de que no tienen nada especial que ofrecerles, sienten vergüenza; después se les lleva a algún lugar que sea acorde a su vida.

De los que no son cristianos, los africanos son especialmente valorados en el cielo. Ellos aceptan las cosas buenas y verdaderas del cielo más fácilmente que los demás. Ante todo, quieren que se les llame obedientes, pero no fieles. Dicen que a los cristianos se les podría llamar "fieles", puesto que tienen una doctrina de fe, pero sólo si aceptan esta doctrina o, como dicen los africanos, si la pueden aceptar.

La iglesia del Señor está extendida en todo el mundo. Por lo tanto es universal y está formada por todos los individuos que han vivido en la virtud de la caridad de acuerdo con los principios de su religión. En relación con las personas que están fuera de ella, la iglesia donde está la Palabra y donde se conoce al Señor a través de ella, es como el corazón y los pulmones del cuerpo humano, que les dan vida a todos los órganos y miembros del cuerpo de acuerdo con su forma, emplazamiento y conexiones.

LOS NIÑOS EN EL CIELO

Algunas personas creen que sólo los niños nacidos en la iglesia entran al cielo, pero no los niños nacidos fuera de la iglesia. Lo dicen porque los niños nacidos en la iglesia son bautizados e introducidos a la fe de la iglesia por medio de este bautismo. No se dan cuenta de que nadie obtiene ni el cielo ni la fe por el bautismo. El bautismo sólo sirve como un signo y un recordatorio de que necesitamos renacer, y de que la gente nacida en la iglesia puede renacer porque la Palabra esta allí, la Palabra que contiene las verdades divinas que hacen posible la regeneración. La iglesia está donde se conoce al Señor, que es la fuente del renacimiento.

Por lo tanto, sépase que todo niño o niña que muere, sin importar dónde haya nacido—dentro de la iglesia o fuera de ella, de padres devotos o irreverentes—, es aceptado por el Señor después de la muerte, se le cría en el cielo, se le instruye de acuerdo con el orden divino y se le colma de afectos por todo lo que es bueno y, a través de ellos, del conocimiento directo de la verdad; y luego, siendo continuamente perfeccionados en inteligencia y sabiduría, todos estos individuos son llevados al cielo y se convierten en ángeles.

Cualquiera que reflexione racionalmente puede ver que nadie nace para el infierno; todos nacen para el cielo. Nosotros mismos tenemos la culpa si nos vamos al infierno, pero los niños no se pueden considerar responsables de ninguna culpa.

Los niños que mueren siguen siendo niños en la otra vida. Tienen el mismo tipo de mentalidad infantil, la misma inocencia en su ignorancia, la misma delicadeza en todo; sólo están en los rudimentos de convertirse en ángeles; porque los niños no son ángeles en ser, sino que están encaminados para convertirse en ángeles. En realidad, todos los que dejan este mundo permanecen en el mismo estado de vida: un bebé llega en estado de bebé, un niño en estado de niño, un ado-

lescente o adulto o anciano en estado de adolescente, adulto
o anciano. Sin embargo, este estado cambia eventualmente.
Ahora bien, el estado de un niño es mejor que el de los otros
en cuestión de inocencia, y en cuanto al hecho de que los
niños aún no han dejado que la malicia, a fuerza de vivir efectivamente en ellos, eche raíces. La calidad de la inocencia es
tal que todo lo celestial se puede sembrar en ella, puesto que
la inocencia es el recipiente de las verdades de la fe y de los
afectos buenos del amor.

La condición de los niños en la otra vida es inmensamente
mejor que la de los niños en nuestro mundo porque no están
revestidos de un cuerpo terrenal. En vez, tienen un cuerpo
angelical. El cuerpo terrenal es intrínsecamente pesado. No
recibe sus sensaciones e impulsos primarios del mundo interior o espiritual, sino del mundo exterior o natural; por eso
los niños de este mundo tienen que aprender con la práctica
a caminar, a hacer cosas y a hablar; hasta sus sentidos, como
la vista y el oído, se desarrollan con el uso. Es diferente con
los niños en la otra vida. Puesto que son espíritus, sus acciones son impulsadas directamente por su naturaleza interior.
Caminan sin tener que practicar e incluso hablan, aunque al
principio sólo expresan sentimientos generales que aún no se
han diferenciado en conceptos mentales. Sin embargo, pronto
se les introduce también a estos últimos, puesto que su naturaleza exterior está en perfecto acuerdo con la interior. También entonces, el habla de los ángeles brota de sus afectos que
varían de acuerdo con los conceptos de su pensamiento, de
manera que su habla concuerda perfectamente con los pensamientos que surgen de sus sentimientos.

Tan pronto como a los niños se les despierta de nuevo
(lo que sucede inmediatamente después de su muerte), se
les lleva al cielo y se les entregan a ángeles femeninos que en
su vida física habían amado tiernamente a los niños y que
también habían amado a Dios. Ya que en este mundo habían

amado a todos los niños con una especie de ternura maternal, aceptan a estos nuevos chiquitos como suyos, y los niños las aman como a sus madres como si esto fuera innato en ellos. Cada una de ellas tiene cuantos niños desee su naturaleza maternal espiritual.

Debemos explicar brevemente cómo se educa a los niños en el cielo. El ángel femenino que los cuida les enseña a hablar. Sus primeras palabras consisten solamente en el sonido de su afecto, pero poco a poco se van articulando más y más hasta que se incorporan a ellas los conceptos en los que están pensando, puesto que todo el lenguaje angelical consiste en conceptos que surgen de los afectos y sus sentimientos.

Las primeras cosas inculcadas en estos afectos (que brotan todas de su inocencia) son aquellas que ellos pueden ver con los ojos y que les producen un placer particular; y puesto que éstas son de origen espiritual, algunos aspectos del cielo fluyen dentro de ellos y les sirven para abrir su naturaleza más profunda. De esta manera, se van perfeccionando día tras día. Una vez que esta fase de su vida se ha completado, se les lleva a otro cielo, donde reciben enseñanza por parte de los instructores, y así sucesivamente.

También se me ha mostrado cómo todas estas cosas se les inculcan usando medios placenteros y encantadores que son adecuados para su naturaleza. En efecto, se me ha permitido ver a los niños vestidos con mucha gracia, con guirnaldas de flores alrededor del pecho que brillaban con los colores más encantadores y celestiales, y otras semejantes alrededor de sus delgados brazos. Incluso, en una ocasión se me permitió ver a unos niños con sus nanas en compañía de algunas mujeres jóvenes en un jardín paradisíaco; no un jardín de árboles, sino uno con arcos abovedados de algo parecido a laureles que formaban las más intrincadas entradas con senderos que daban acceso al interior; y los niños mismos vestidos con tal belleza. Cuando entraron, las flores de la entrada irradiaron la luz más alegre que se pueda imaginar. Esto me ayudó a formarme una idea de cómo era lo que los deleitaba y de cómo se les conducía hacia las bendiciones de la inocencia y la caridad por medio de cosas encantadoras y deliciosas, mientras el Señor constantemente les infundía bendiciones a través de esos dones tan maravillosos y cautivadores.

Por un medio de comunicación que es común en la otra vida, se me ha mostrado cómo son los conceptos de los niños cuando miran diversos objetos. Es como si todo estuviera vivo; así, hasta en los menores conceptos de su pensamiento hay una vida inherente. Deduje que, en la tierra, cuando están absortos en sus juegos, los niños tienen conceptos que se parecen mucho a éstos porque todavía no tienen el tipo de pensamiento reflexivo de los adultos sobre lo que es inanimado.

Mucha gente cree que los niños se quedan siempre como niños en el cielo y que son como niños entre los ángeles. Aquellos que no saben lo que es un ángel, ven confirmada esta opinión en las imágenes que ven en uno u otro sitio en las iglesias, donde los ángeles están representados como niños. No obstante, la realidad es my diferente. Son la inteligencia y la sabiduría las que hacen un ángel, cualidades que no tienen mientras estén en la niñez. Los niños están con los ángeles, pero ellos mismos no son ángeles todavía. Tan pronto como son inteligentes y sabios, son ángeles por primera vez. Es más—y esto es algo que me dejó sorprendido—ya no se ven como niños sino como adultos, porque ya no tienen una naturaleza infantil sino una naturaleza angelical más adulta. Esto resulta con la inteligencia y la sabiduría.

La razón de que los niños se vean más como adultos al ser perfeccionados en inteligencia y sabiduría—es decir, que tengan el aspecto de adolescentes y adultos jóvenes—es que la inteligencia y la sabiduría son el alimento espiritual esencial. De ese modo, las cosas que nutren su mente también nutren su cuerpo, lo cual es resultado de la correspondencia, puesto que la forma del cuerpo no es sino la forma exterior de su naturaleza interior.

Debe saberse que en el cielo los niños no crecen más allá de la primera juventud, sino que permanecen en esa edad para siempre. Para que me asegurara de esto, se me ha permitido hablar con algunos que fueron criados como niños en el cielo y que crecieron allí; hablé con unos cuando todavía eran niños, y más tarde con ellos mismos cuando ya se habían convertido en jóvenes; y ellos me hablaron del curso de su vida desde una edad hasta la otra.

He conversado con los ángeles acerca de los niños, queriendo saber si los niños estaban libres del mal porque no habían realizado ningún mal como lo hacen los adultos. Pero me dijeron que los niños también están ligados al mal, incluso a tal grado que no son nada más que mal. No obstante, igual que sucede con todos los ángeles, el Señor los refrena de entregarse a su mal interior y los mantiene enfocados en el bien, hasta el punto de que a ellos les parece que están centrados en el bien por su propio mérito. Entonces, para evitar que los niños que se han educado en el cielo lleguen a tener una noción falsa de sí mismos—la creencia de que el bien que les rodea es obra de ellos y no del Señor—, de vez en cuando se les permite volver a sus males hereditarios, y se les deja en ellos hasta que sepan y reconozcan la realidad de las cosas y crean en ella.

Había un individuo que había muerto en la infancia y había crecido en el cielo, y que tenía este tipo de opinión. Era hijo de cierto rey. Cuando se le permitió regresar a su vida innata de mal, por su aura vital pude comprender que tenía la tendencia de dominar a otros y que no le daba importancia alguna al adulterio, males que había heredado de sus padres. Sin embargo, una vez que reconoció su forma de ser, fue aceptado otra vez entre los ángeles con los cuales había estado antes.

LOS RICOS Y LOS POBRES EN EL CIELO

Hay diversas opiniones sobre la admisión al cielo. Algunos piensan que se aceptan a los pobres pero no a los ricos; otros opinan que tanto los ricos como los pobres son aceptados; otros más creen que la gente rica no puede ser aceptada a menos que se deshaga de sus posesiones y se vuelva como los pobres—y todos ellos basan sus opiniones en la Palabra. Sin embargo, con respecto al cielo, aquellos que diferencian entre ricos y pobres no comprenden la Palabra. En el fondo la Palabra es espiritual, aunque es natural en su forma literal; por eso, si la gente interpreta la Palabra sólo en su sentido literal y no con un significado espiritual, se extravía en todas direcciones, especialmente en cuanto a los ricos y los pobres. Creen que a los ricos les resulta tan difícil entrar al cielo como a un camello pasar por el ojo de una aguja, y que es fácil para los pobres en razón de su pobreza, puesto que la Palabra dice: "Felices ustedes los pobres, porque de ustedes es el Reino de Dios". (Lucas 6, 20-21.)

Ahora bien, aquellos que saben algo del sentido espiritual de la Palabra piensan de distinta manera. Saben que el cielo es para todo aquel que lleva una vida de fe y de amor, ya sea rico o pobre. Más adelante explicaremos quiénes son considerados "los ricos" y quiénes "los pobres" en la Palabra.

En virtud de una gran cantidad de conversaciones y de haber vivido con los ángeles, se me ha concedido el conocimiento certero de que los ricos entran al cielo tan fácilmente como los pobres, y que a nadie se le niega la entrada al cielo por tener bienes abundantes, y a nadie se le acepta por la sola razón de su pobreza. En el cielo hay ricos y pobres, y muchos de los ricos viven con más esplendor y felicidad que los pobres.

A manera de introducción, debemos hacer notar que es perfectamente aceptable adquirir riquezas y acumular cualquier cantidad de bienes, mientras no se haga con fraudes o con artimañas. Es perfectamente aceptable comer y beber con elegancia, con tal que no dediquemos nuestra vida a esas cosas. Es perfectamente aceptable vivir en una casa tan hermosa como corresponda a la propia condición, conversar con otros iguales a nosotros, asistir a juegos o enterarse de asuntos mundanos. No hay necesidad de andar por ahí tratando de parecer piadosos con una cara triste y llorosa y caminando cabizbajos. Podemos ser felices y estar alegres.

He hablado con algunas personas después de su muerte, que durante su vida terrena habían renunciado al mundo y se habían obligado ellas mismas a seguir una vida prácticamente solitaria, queriendo separar su pensamiento de los asuntos mundanos a fin de ganar tiempo para hacer meditaciones devotas. Creían que ésta era la manera de seguir el camino que conduce al cielo. Sin embargo, en la otra vida tienen un espíritu lúgubre. Rehúyen a quienes no son como ellas y resienten el hecho de que no se les dé más felicidad que a los demás. Creen que se la merecen, y no sienten interés por nadie; eluden las responsabilidades del comportamiento considerado que son el medio de unión con el cielo. Codician el cielo más que los demás, pero cuando se les lleva adonde están los ángeles, estas personas les causan a los ángeles tales ansiedades que trastornan su felicidad. Entonces se separan de ellos y, una vez que se retiran, se dirigen a lugares solitarios donde llevan el mismo tipo de vida que llevaron en el mundo.

Muchas personas que dedicaron sus energías a los negocios y al comercio en el mundo, muchas que se enriquecieron, están en el cielo. Sin embargo, no hay tantos de los que se hicieron famosos y se volvieron ricos en la administración pública. Esto se debe a que estos últimos se dejaron arrastrar hacia el amor a sí mismos y al mundo por causa de los ingresos y los puestos que se les otorgaron, debido a su administración de justicia y de moralidad y de ingresos y de rangos. Esto los llevó a su vez a desviar sus pensamientos y sus sentimientos del cielo para dirigirlos hacia sí mismos; porque, en la medida en que nos amamos a nosotros mismos y al mundo y en que nos centramos exclusivamente en nuestra persona y en el mundo, nos alejamos de lo Divino y nos separamos del cielo.

Lo que les espera a los ricos que no creen en el Ser Divino y rechazan en su mente todo asunto del cielo y de la iglesia, es el infierno, donde encuentran la suciedad y la desdicha y la carencia. Cuando la riqueza se ama como un fin en sí misma, se convierte en cosas como ésas, y no sólo la riqueza misma, sino también las cosas para las que se usa: la vida regalada, la entrega a los placeres, la entrega más intensa y más libertina a la inmoralidad, y la exaltación de sí mismo a costa de aquellos a quienes menosprecian. Puesto que esas riquezas y actitudes no tienen nada de espiritual sino sólo cualidades mundanas, se convierten en suciedad.

La gente pobre no entra al cielo a causa de su pobreza, sino a causa de su vida. Nuestra vida nos sigue, seamos ricos o pobres. No hay más ninguna clemencia especial para unos más que para otros. Quienes han vivido bien son aceptados; quienes han vivido mal son rechazados.

En realidad, la pobreza puede seducir a las personas y separarlas del cielo tanto como lo puede hacer la riqueza. Hay muchos entre los pobres que no se contentan con su suerte y codician mucho más, y que piensan que la riqueza es una bendición; entonces cuando no reciben lo que anhelan, se enfurecen y abrigan malos pensamientos sobre la Divina Providencia. Envidian los bienes de otros y, tan pronto como tuvieran la oportunidad, los estafarían y se entregarían a sus propios placeres asquerosos.

Pero es muy diferente con los pobres que se contentan con su suerte, que son concienzudos y cuidadosos en su trabajo, que prefieren trabajar que holgazanear, que tienen un comportamiento honesto y confiable, y que llevan vidas cristianas.

De aquí podemos deducir que los ricos llegan al cielo tanto como los pobres, los unos tan fácilmente como los otros. La razón por la que se cree que es fácil para los pobres y difícil para los ricos es que la Palabra ha sido mal interpretada cuando habla de los ricos y los pobres. En el sentido espiritual de la Palabra, "los ricos" significa personas que tienen una abundancia de conocimiento de lo que es verdadero y bueno, es decir, las personas de la iglesia donde se encuentra la Palabra. "Los pobres" se refiere a las personas que carecen de esta comprensión pero que anhelan tenerla, o a las personas que no pertenecen a la iglesia, y no tienen acceso a la Palabra.

Debemos explicar también a quiénes se refiere la expresión "los ricos" de los cuales dijo el Señor: "Les aseguro: es más fácil para un camello pasar por el ojo de una aguja que para un rico entrar en el Reino de los cielos". (Mateo 19, 24.) En este contexto la persona rica significa rica en ambos sentidos: natural y espiritual. En el sentido natural, los ricos son aquellos que tienen abundante riqueza y que ponen en ella todo su corazón, mientras que en el sentido espiritual se refiere a las personas ampliamente dotadas de perspicacia y conocimiento (pues éstos son la riqueza espiritual) y que quieren emplearlos para entrar a los círculos celestiales y eclesiásticos por cuenta de su propio intelecto. Puesto que esto es contrario a los designios divinos, se dice que le es más fácil a un camello pasar por el ojo de una aguja. En este nivel de significado, el camello significa nuestra capacidad de aprendizaje y conocimiento en general, y el ojo de una aguja significa la verdad espiritual.

EL MATRIMONIO EN EL CIELO

En vista de que el cielo procede del género humano, lo que significa que hay allí ángeles de ambos sexos, y puesto que por la creación misma la mujer es para el hombre y el hombre para la mujer, cada uno para el otro, y puesto que este amor es innato en ambos sexos, se sigue que en los cielos hay matrimonios tal como aquí en la tierra. Sin embargo, los matrimonios en los cielos son muy diferentes de los terrestres.

El amor conyugal encuentra su fuente en la unión de dos personas en una sola mente. En el cielo a esto se le dice "convivir", y a estas personas no se les denomina "dos" sino "una". En consecuencia, dos esposos en el cielo no se consideran dos ángeles, sino un solo ángel.

La razón de este tipo de unión de esposo y esposa en los niveles más profundos de su mente data de la creación misma. El hombre nace para centrarse en los procesos cognitivos, y por lo tanto basa su pensamiento en su intelecto. En cambio, la mujer nace para centrarse en las intenciones, y por lo tanto basa su pensamiento en su propia volición. Podemos observar esto a juzgar por la tendencia o la naturaleza innata de cada uno, así como por su forma. En cuanto a la naturaleza innata, los hombres actúan con base en la razón, mientras que las mujeres actúan con base en sus sentimientos. En cuanto a la forma, el hombre tiene una cara más tosca y menos atractiva, una voz más grave y un cuerpo más fuerte, mientras que la mujer tiene una cara más suave y más atractiva, una voz más dulce y un cuerpo más delicado. Esto se parece a la diferencia que existe entre el entendimiento y la volición, o entre el pensamiento y el afecto.

El genuino amor conyugal es imposible entre un esposo y más de una esposa. De hecho, la poligamia destruye la fuente espiritual del amor matrimonial, cuyo propósito es formar de dos mentes, una. Así, la poligamia destruye la unión más profunda del bien con la verdad que es precisamente la esencia de ese amor. Un matrimonio efectuado con más de una persona es como un intelecto dividido entre más de una voluntad, o como una persona comprometida con más de una iglesia. Esto realmente destroza la fe hasta que no queda nada de ella.

Poca gente experimenta en efecto el verdadero amor matrimonial, y si no se empeñan en conocerlo, no tienen ni la menor idea del encanto interior que radica en ese amor. Sólo conocen el placer de la lujuria, un deleite que se va volviendo desagradable después de que las personas han vivido juntas por un tiempo. En cambio, la delicia del verdadero amor matrimonial no sólo dura hasta la vejez en la tierra, sino que incluso se convierte en un deleite celestial después de la muerte, cuando se llena con un gozo más profundo que se va volviendo cada vez mejor por toda la eternidad.

Incluso me dijeron los ángeles que las bendiciones del verdadero amor conyugal podían contarse por miles, sin que se conozca ni uno solo aquí o sin que sea comprensible para quien no esté en un matrimonio del bien y de la verdad proveniente del Señor.

Todo deseo de dominio de uno sobre el otro destruye totalmente el amor conyugal y su placer celestial, pues, como ya se ha observando, el amor matrimonial y su encanto consisten en el propósito de cada uno de pertenecerle al otro, y de que esto sea mutuo y recíproco. En un matrimonio, el deseo de dominar lo destruye, porque la persona que domina simplemente quiere que se haga su voluntad, y no quiere aceptar a cambio ningún elemento de la voluntad de la otra persona. Entonces no es un sentimiento mutuo, lo que significa que no se comparten ni el amor ni sus placeres con el otro, y que no se acepta nada a cambio. Pero este hecho de compartir y la unión que resulta de él es precisamente el gozo interior que llamamos la bienaventuranza del matrimonio. El amor al dominio ahoga esa bendición, y con ella absolutamente todo lo celestial y espiritual que hay en el amor, hasta el grado de que incluso se llega a perder el conocimiento de que existe. Hasta se podría decir que se respeta tan poco que la mera mención de la bienaventuranza [del matrimonio] provoca risa o cólera.

Cuando un miembro de la pareja quiere o ama lo que el otro hace, entonces ambos tienen libertad, porque toda libertad proviene del amor. En cambio, cuando hay dominio no hay libertad para ninguno de los dos. Uno de los dos es sirviente; y también lo es el que domina, porque la necesidad de controlar termina esclavizando a esa persona.

Entre los miembros de una pareja que se aman con amor conyugal existen placeres celestiales que a ellos les parecen juegos inocentes, como los de los bebés, porque no hay nada que no los deleite. El cielo fluye con su gozo dentro de los detalles más minúsculos de la vida de la pareja. Por eso es que el amor matrimonial se representa en el cielo con las cosas más bellas que hay. Lo he visto representado por una mujer joven de una hermosura indescriptible, envuelta en una nube blanca. Me dijeron que toda la belleza de los ángeles del cielo proviene del amor matrimonial. Los afectos y pensamientos que fluyen de él se representan como auras resplandecientes, como las de las joyas encendidas o de los rubíes, todo esto acompañado de sentimientos exquisitos que conmueven hasta los niveles más profundos de la mente.

En resumen, el cielo se identifica a sí mismo con el amor matrimonial, porque para los ángeles el cielo es la unión del bien y de la verdad, y es esta unión la que constituye el amor conyugal.

Los matrimonios de los cielos difieren de los matrimonios de la tierra en que los matrimonios terrenales también tienen el propósito de procrear hijos, mientras que en los cielos no ocurre así. En vez de la procreación de hijos hay una procreación de lo que es bueno y verdadero. La razón de esta sustitución es que el matrimonio de los ángeles es el matrimonio del bien y la verdad, como dijimos antes, y en este matrimonio se ama ante todo lo que es bueno y verdadero, así como la unión entre ellos; de modo que esto es lo que se propaga con los matrimonios en los cielos. Es por esto

que en la Palabra los nacimientos y las generaciones significan nacimientos y generaciones espirituales, nacimientos de
lo que es bueno y verdadero. La madre y el padre significan la
unión prolífica de la verdad con el bien, los hijos e hijas representan las cosas buenas y verdaderas que nacen, y los yernos
y las nueras significan las uniones de estos [descendientes],
y así sucesivamente.

Podemos ver entonces que los matrimonios en los cielos
no son como los de la tierra. En los cielos hay bodas espirituales que no deberían llamarse bodas sino uniones de mentes, a causa de la unión del bien y la verdad. En cambio, en la
tierra sí hay bodas porque tienen que ver no sólo con lo espiritual, sino también con lo corporal. Además, como no hay
bodas en los cielos, a los dos cónyuges no se les llama esposo
y esposa sino que, debido al concepto angelical de la unión
de dos mentes en una, cada cónyuge es identificado con una
palabra que significa "pertenecientes el uno al otro".

También se me ha permitido ver cómo se entra en el
matrimonio en los cielos. En todo el cielo, las personas que
son semejantes se reúnen y las que son distintas se separan.
Esto significa que todas las comunidades están formadas por
personas similares. Los semejantes se atraen entre sí, no por
su propia voluntad, sino por el Señor. De la misma manera,
un cónyuge es atraído hacia su cónyuge cuando sus mentes
están en posibilidad de unirse en una sola. Así, se aman a primera vista de la manera más entrañable que pueda haber, se
consideran esposos recíprocamente, e inician su matrimonio.
Por eso todos los matrimonios del cielo son obra únicamente
del Señor. También en el cielo se celebran los esponsales en
reuniones con muchas personas; tales festejos difieren de una
comunidad a otra.

Por el aura que emanaba del infierno, pude notar que
todos los que están allí se oponen al amor matrimonial.
Era como un esfuerzo incesante por romper y destruir los
matrimonios.

Se me ha mostrado cómo los placeres del amor conyugal conducen al cielo y cómo los placeres del adulterio conducen al infierno. El camino del amor matrimonial hacia el cielo llevaba a bendiciones y deleites en constante aumento hasta sobrepasar todo número o descripción imaginable. Cuánto más profundos eran, más numerosos y más indescriptibles, y alcanzaban a llegar hasta las delicias del cielo más interior, el cielo de la inocencia. Todo esto se lograba con la mayor libertad, porque toda libertad procede del amor; de modo que la libertad más grande surge del amor conyugal, que es el amor celestial esencial. En cambio, el camino del adulterio conducía hacia el infierno, paso a paso hasta el nivel más bajo donde no hay nada que no sea desolador y espantoso. Éste es el destino que les espera a los adúlteros después de su vida en el mundo. Por "adúlteros" queremos decir personas que encuentran placer en actos de adulterio y no en el matrimonio.

LO QUE HACEN LOS ÁNGELES EN EL CIELO

No hay modo de enumerar ni de describir en detalle todas las funciones que tienen las personas en los cielos, aunque sí es posible decir algo sobre el tema en términos generales. Son innumerables y también varían según las funciones que desempeña cada comunidad. De hecho, cada comunidad desempeña una función única porque las comunidades difieren según sus virtudes y, por lo tanto, difieren en su función. Esto sucede porque las virtudes de todos los que están en los cielos son virtudes en acción, que son funciones. En los cielos cada quien hace algo específicamente útil, pues el reino del Señor es un reino de actos útiles.

Hay tantas formas de servicio en los cielos como en la tierra, puesto que hay en ellos asuntos eclesiásticos, cívicos y domésticos. La existencia de los asuntos eclesiásticos se sigue de lo que referimos sobre el culto divino; la existencia de los asuntos cívicos se infiere de lo que se presentó sobre las formas de gobierno en el cielo; y la existencia de asuntos domésticos se deriva de lo dicho sobre las casas y hogares de los ángeles y sobre el matrimonio en el cielo. De aquí podemos ver que los servicios y las funciones que se desempeñan en cualquier comunidad celestial son múltiples.

Todas las comunidades de los cielos se diferencian de acuerdo con sus formas de servicio porque están diferenciadas según sus virtudes. Sus virtudes son virtudes en acción o actos de consideración, los cuales constituyen servicios. Hay comunidades cuya tarea es cuidar a los bebés; hay otras que se encargan de instruir y guiar a los niños mientras crecen; hay otras comunidades que cuidan a los muchachos y muchachas jóvenes que, por la manera en que fueron educados en este mundo, están bien dispuestos y han llegado [directamente] al cielo, donde se les sigue enseñando y educando de manera muy semejante. Hay algunas comunidades que instruyen a la gente sencilla del mundo cristiano y la guía en su camino al cielo, y hay otras que hacen lo mismo con diversos pueblos que no son cristianos. Hay otras que protegen a nuevos espíritus, recién llegados del mundo, de los ataques de los espíritus malvados; y hay otras comunidades que visitan a la gente de la tierra inferior. También hay unas que visitan a las personas de los infiernos y las controlan para que no se torturen unos a otros más allá de ciertos límites. Y están las que cuidan a las personas que están en proceso de ser despertadas de la muerte.

Hablando en general, se nos asignan ángeles de todas las comunidades para protegernos, para alejarnos de los malos sentimientos—y de los malos pensamientos que éstos provocan—, y para infundir en nosotros buenos sentimientos en la medida en que estemos libremente abiertos a ellos. Éstos ayudan a controlar nuestras acciones y obras despojándonos de nuestras malas intenciones hasta donde sea posible. Cuando los ángeles están con nosotros, parecen vivir en nuestros afectos y sus sentimientos, cerca de nosotros en la medida en que nos ocupemos con algo que sea bueno por ser verdadero, y lejos de nosotros en la medida en que nuestra vida se distancie de ese compromiso.

Ahora bien, todas estas tareas las realiza el Señor por medio de los ángeles, puesto que los ángeles no las hacen por impulso propio sino por el Señor. Por eso es que, en el significado más profundo de la Palabra, "ángeles" no quiere decir ángeles sino algo del Señor; y por eso es que en la Palabra a los ángeles se les llama dioses.

Éstas son las categorías generales de las actividades de los ángeles, pero cada individuo hace su propia contribución específica. Es así porque cada servicio general consta de innumerables elementos que se llaman servicios mediatos, subordinados o de apoyo. Todos ellos están dispuestos y clasificados de acuerdo con el orden divino, y en conjunto forman y complementan una función global que es el bien común.

Las personas del cielo que se dedican a los asuntos eclesiásticos son las que en el mundo amaban la Palabra y buscaban en ella las verdades con un interés vivo, no por obtener eminencia o beneficio, sino para servicio de su propia vida y de la vida de los demás. En proporción a su amor y a su entusiasmo por servir al prójimo, estas personas reciben iluminación en el cielo y permanecen en la luz de la sabiduría, obteniéndola por medio de la Palabra en los cielos, que no es natural como en el mundo, sino espiritual. Tienen el don de la predicación; y de acuerdo con el orden divino, los que más alta posición gozan son los que superan a los otros en la sabiduría que derivan de su iluminación.

Las personas dedicadas a los asuntos cívicos son las que amaban a su país y su prosperidad más que su propio bienestar, y que se comportaban con honradez y justicia por amor a lo que es honesto y justo. En la medida en que buscaron leyes de justicia motivados por este amor, desarrollando así su capacidad de discernimiento, gozan de la habilidad de ocupar puestos de gobierno en el cielo. Llevan a cabo estas actividades en el lugar o nivel apropiado a su discernimiento, que a su vez equivale a su amor por servir a los demás para el bien común.

En verdad, hay tantos oficios y ocupaciones en el cielo, tantas tareas, que simplemente no se pueden enumerar. En comparación, los que hay en el mundo son relativamente pocos. Sin importar cuántas personas participen, en el cielo todas están cautivadas por el amor a su trabajo y a sus tareas, debido a su amor por el servicio: ninguna lo hace por egoísmo o afán de lucro. Es más, no existe el afán de lucro por motivos de subsistencia, puesto que todas las necesidades de la vida se les dan en forma gratuita. Obtienen gratuitamente casa, ropa y comida. Podemos deducir de esto que los que se han amado a sí mismos y han amado al mundo más que al servicio, no tienen cabida en el cielo. De hecho, nuestro amor o afecto invariablemente se queda con nosotros después de nuestra vida en el mundo. No se desarraiga en toda la eternidad.

En el cielo todos están comprometidos con su trabajo según su correspondencia, y la correspondencia no es con el trabajo en sí sino con la utilidad de cada tarea en particular; y todo tiene una correspondencia. Cuando en el cielo estamos dedicados a una actividad o tarea que responde a su utilidad, entonces estamos en un estado de vida muy parecido al que teníamos en el mundo. Esto se debe a que lo espiritual y lo natural actúan como una sola cosa por medio de su correspondencia, pero con la diferencia de que [después de la muerte] gozamos de un deleite más profundo porque estamos inmersos en una vida espiritual. Se trata de una vida más profunda, y por lo tanto más abierta a la bienaventuranza celestial.

LA ALEGRÍA Y FELICIDAD CELESTIALES

Casi nadie sabe hoy en día lo que es el cielo o lo que es la dicha celestial. Aquellos que piensan acerca de cualquiera de estos dos temas proponen nociones tan pedestres y tan burdas, que no tienen ningún valor. He tenido la maravillosa oportunidad de aprender de boca de los espíritus que llegaban de este mundo a la otra vida, qué clase de idea tenían sobre el cielo y la dicha celestial, ya que, cuando se les deja a sí mismos como cuando estaban en el mundo, siguen pensando de la misma manera.

La razón por la cual no saben nada respecto a la dicha celestial es que aquellos que llegan a pensar en ello basan todos sus juicios en los gozos externos de la persona natural. No saben qué es la persona interior o espiritual, de modo que ignoran lo que son el deleite y las bienaventuranzas de esa persona. Así, aunque las personas llenas de dicha interior o espiritual les explicaran qué es la alegría celestial y cómo se siente, no serían capaces de captarlo.

Cualquiera puede comprender que cuando dejamos nuestra persona exterior o natural, entramos en la interior o espiritual; por lo tanto, también podemos entender que el placer celestial es un placer interior o espiritual, no exterior o natural. Puesto que es interior y espiritual, es más puro y más fino y afecta nuestros niveles más profundos, los niveles de nuestra alma o espíritu.

También podemos concluir de esto que la calidad de nuestro placer es consecuencia de la calidad del placer de nuestro espíritu, y que, en comparación, los placeres del cuerpo, denominados "placeres de la carne", no tienen nada que ver con el cielo. Cualquier cosa que esté en nuestro espíritu cuando abandonemos el cuerpo permanecerá con nosotros después de la muerte, pues entonces viviremos como espíritus humanos.

Por su misma naturaleza, el cielo está lleno de placeres, a tal grado que si lo vemos como realmente es, no es nada más que felicidad y placer. Esto se debe a que el bien divino que emana del amor divino del Señor constituye el cielo, tanto en su globalidad como en detalle, para cada uno de los que se encuentran allí; y el amor divino es el propósito de que todos se salven y sean profunda y totalmente felices. Por esta razón, es lo mismo decir "el cielo" que "la alegría celestial".

Los placeres del cielo son tan innumerables como indescriptibles; pero nadie que esté completamente sumido en los placeres del cuerpo o de la carne puede percibir ni creer que exista esa multitud. Como ya he señalado, esto se debe a que sus niveles más profundos no se orientan hacia el cielo sino hacia el mundo, que es lo contrario. Pues nadie que esté completamente inmerso en los places del cuerpo o de la carne (o en el amor a sí mismo y al mundo, que viene a ser lo mismo), puede sentir más placer que el de la fama, la riqueza o la gratificación física y sensible. Éstos ahogan y apagan los gozos más profundos del cielo tan completamente que muchas personas ni siquiera creen que tales placeres existan. Por lo tanto, se sentirían desconcertadas si alguien llegara a decirles que ciertos placeres persisten aún después de que a ellas se les despoje de la fama y la riqueza; y se quedarían aún más desconcertadas si se les dijera que los deleites espirituales que los reemplazan son incontables y que sencillamente no admiten comparación con los placeres del cuerpo y de la carne, sobre todo los de la fama y el lucro. Podemos ver, pues, por qué la gente no sabe lo que es la dicha celestial.

Podemos darnos cuenta de la magnitud del goce celestial simplemente por el hecho de que todos los que se encuentran ahí disfrutan enormemente, compartiendo su gozo y su felicidad con otras personas; y como en el cielo todos son así, podemos ver cuán inmenso es el placer del cielo. Pues en el cielo cada individuo comparte su alegría con los demás, y todos la comparten con cada individuo.

Este deseo de compartirlo todo fluye de los dos amores del cielo, que son el amor por el Señor y el amor al prójimo. Por su naturaleza, estos amores desean compartir sus goces. El motivo por el cual el amor por el Señor es así, es que el amor del Señor es un amor que desea compartir todo lo que tiene con todos los demás, siendo su único propósito la felicidad de todos. Un amor muy semejante existe en los individuos que lo aman, porque el Señor está en ellos. Así es que los ángeles comparten su placer unos con otros. Más adelante veremos que el amor al prójimo también es así. Podemos deducir de todo esto que estos amores, por naturaleza, desean compartir sus goces.

Aquella ligera sensación de placer, el casi imperceptible sentimiento de bienestar que se hallaba en las personas que en el mundo estaban centradas en el amor a Dios y al prójimo, se transforma en el placer del cielo, perceptible y palpable de tantas maneras que no tienen fin. Aquel sentimiento de bienestar que yacía oculto en lo más profundo de su naturaleza mientras vivían en el mundo, queda ahora descubierto y expuesto abiertamente a las sensaciones, porque ahora esas personas están en el espíritu, y éste era el deleite de su espíritu.

Todos los placeres del cielo están unidos a formas de servicio y habitan dentro de ellas, porque las formas de servicio son los buenos efectos del amor y de la consideración en que están inmersos los ángeles. Por consiguiente, la naturaleza del goce de cada individuo depende de la naturaleza del servicio de ese individuo, y su intensidad depende de la intensidad de su afecto por el servicio.

Estos placeres son inherentes a los sentidos debido a la afluencia del cielo, donde todo goce pertenece al servicio y depende de él.

Basándose en una opinión que se formaron en el mundo, algunos espíritus pensaban que la felicidad celestial consiste en una vida de ocio, en la cual otros los atienden; pero se les informó que jamás se encuentra la felicidad permaneciendo ocioso con el fin de sentirse a gusto. Esto sería como querer para uno mismo la felicidad de otros, en cuyo caso nadie podría ser feliz. Esta clase de vida sería una vida perezosa, inactiva, que conduciría a la atrofia. De hecho, es posible que hayan sabido que una vida sin actividad no puede proporcionar felicidad alguna, y que el ocio sirve sólo para refrescarlos, para que puedan volver a la vida activa frescos y con más energía. Entonces se les demostró de muchas maneras que la vida angelical consiste en acciones valiosas y consideradas, acciones que les son útiles a otros, y que toda la felicidad de los ángeles se basa en el servicio, se deriva del servicio y es proporcional a él.

Con objeto de que esas personas puedan llegar a sentir vergüenza (aquellas que habían tenido la noción de que la dicha celestial consiste en una vida de ocio, inhalando bendiciones eternas), se les permite percibir cómo sería una vida como ésa. Se dan cuenta de que es totalmente miserable; y una vez que, como resultado, todo su placer se desvanece, se sienten asqueados y con náuseas.

Casi toda la gente que llega a la otra vida cree que el infierno es igual para todos y que el cielo es igual para todos, cuando en realidad en cada uno hay infinitas variaciones y diferencias. El infierno nunca es igual para dos personas, como tampoco lo es el cielo. Del mismo modo, ninguno de nosotros, ningún espíritu y ningún ángel es jamás exactamente igual a otro, ni siquiera en el rostro. Si yo apenas pensaba en que dos seres pudieran ser idénticos, los ángeles se horrorizaban. Me dijeron que cada unidad está formada por un acuerdo armonioso de muchos componentes, y que la naturaleza de la unidad depende de la naturaleza del acuerdo. Así es como cada comunidad del cielo forma una unidad y como todas las comunidades forman un solo cielo, cosa que es obra únicamente del Señor, a través del amor.

En los cielos, las actividades útiles ocurren con una variedad y una diversidad semejantes. La función de un individuo nunca es exactamente igual a la de algún otro, de modo que el gozo de uno nunca es igual al de otro. Y no sólo eso, sino que además los placeres de cada función son innumerables, y estos innumerables placeres son también muy variados; aun así, están unidos en un designio que les permite concentrarse los unos en los otros al igual que lo hacen las funciones de los miembros, los órganos y las vísceras individuales en el cuerpo humano; o más aún, como las funciones de cada vaso sanguíneo y cada fibra de esos miembros, órganos y vísceras. Todos ellos están interconectados de tal manera que se concentran en lo que el uno puede hacer para ayudarle al otro, y por lo tanto a todos, siempre conscientes de los miembros individuales. Actúan como una unidad a causa de este cuidado por la totalidad y por el individuo.

Algunos se preguntaban si en el cielo existía esa clase amor, si realmente era posible que uno amara a su prójimo más que a sí mismo. Pero se les explicó que en la otra vida todo lo bueno aumenta inmensamente. Por su naturaleza, la vida en un cuerpo físico no puede progresar más allá de amar al prójimo como a sí mismo, porque está sumida en intereses físicos. Sin embargo, una vez que se le despoja de estos intereses, el amor se vuelve más puro y llega a ser angelical, lo cual consiste en amar más al prójimo que a uno mismo. Sucede así porque, en los cielos, beneficiar a otra persona es un deleite, mientras que beneficiarse a sí mismo no lo es, a menos que sea para darle un bien a otro y, por consiguiente, para el bienestar del prójimo. Esto es amar al prójimo más que a sí mismo.

En cuanto a la posibilidad de este amor, se dijo que en este mundo se aproxima al amor conyugal que algunas personas se tienen recíprocamente, personas que preferirían morir antes que permitir que le ocurra algún daño a su pareja. O se podría considerar el amor de los padres por los hijos, de la madre que preferiría morir de inanición que ver a sus hijos pasar hambre; o la verdadera amistad que hace que la gente se enfrente al peligro por proteger a sus amigos.

El cielo no consiste en quitarse importancia con el fin de ser el más importante de todos. Quienes piensan así arden en deseos de grandeza y suspiran por ella. Más bien, se trata de desearle de todo corazón al prójimo mayor bien que el que uno se desea a sí mismo, y de servir a otros desinteresadamente en aras de su felicidad, sin el menor interés por una recompensa sino hacerlo tan sólo por amor.

La verdadera felicidad del cielo, tal como es en sí misma y por sí misma, queda más allá de toda descripción porque reside en la naturaleza más profunda de los ángeles. De allí fluye hacia los detalles de su pensamiento y de su afecto, y a partir de éstos hasta los detalles de su habla y de su acción. Es como si sus niveles más profundos se abrieran ampliamente y quedaran libres para recibir un deleite y una dicha que se extienden por todas sus fibras y, en consecuencia, por todo su ser, dándoles una especie de percepción y sentimiento que es sencillamente indescriptible.

Algunos espíritus querían saber lo que es la felicidad celestial, por lo que se les permitió sentirla a tal grado que no pudieron soportarla más. Aun así, ésta no era la felicidad angelical, sino tan sólo un pequeñísimo indicio de la calidad angelical que se les permitió observar y compartir. Era tan ligera esta felicidad que era casi fría, pero a ellos les parecía sumamente celestial por lo profundamente que se hallaba en ellos. Pude ver con esto no sólo que la felicidad celestial tiene niveles, sino también que el nivel más profundo de una persona apenas llega a rozar el nivel más exterior o algún nivel medio de otra persona. Además, también pude ver que cuando llegamos a nuestro propio nivel más profundo estamos en nuestra propia dicha celestial, y que no podríamos soportar nada más profundo porque terminaría causándonos dolor.

No obstante, para que pudiera saber lo que son el cielo y la alegría celestiales y cuál es su calidad, el Señor me ha permitido sentir los placeres del gozo celestial frecuentemente y por largo tiempo. Puesto que ésta ha sido una experiencia en vida, bien sé de ellos, pero no tengo modo de describirlos. Aun así, algo debe decirse para proporcionar aunque sea alguna noción de ellos. Hay una sensación de placeres y gozos innumerables que se unen para presentar un solo algo, una unidad o un afecto unificado que contiene una serie de incontables afectos en armonía que no llegan a la conciencia individualmente, sino sólo de manera vaga, puesto que la conciencia es sumamente general. Aún era posible percibir que había innumerables elementos en su interior, tan bellamente dispuestos que desafiaban toda descripción. La calidad de aquellos elementos innumerables fluyen desde los mismísimos designios del cielo; y este tipo de designio reside hasta en los menores afectos, afectos que se manifiestan y se perciben sólo como una unidad muy general, que depende de la capacidad perceptiva del sujeto.

También he observado que la dicha y el deleite celestiales parecían proceder de mi corazón, extendiéndose muy sutilmente por todas mis fibras interiores, y de allí hasta donde las fibras se reúnen, con una sensación de placer tan profunda que mis fibras parecían no ser más que felicidad y deleite, y todo lo que yo percibía y sentía estaba vivo con suprema alegría. Ante estos gozos, la felicidad de los placeres físicos es como polvo denso e irritante comparada con una brisa suave y pura.

Noté que cuando quería transmitirle todo mi gozo a otra persona, un placer más profundo y más amplio empezó a fluir incesantemente en su lugar. Cuanto más lo quería transmitir, más fluía dentro de mí; y percibí que esto provenía del Señor.

En el cielo todos están avanzando continuamente hacia la primavera de la vida. Cuantos más millares de años viven, más placentera y feliz es su primavera. Esto continúa eternamente, creciendo de acuerdo al crecimiento y al nivel de su amor, consideración y fe.

Con el paso de los años, las mujeres ancianas que murieron de vejez—mujeres que vivieron con fe en el Señor, con consideración hacia el prójimo, y en feliz amor matrimonial con su esposo—se adentran cada vez más en la flor de una juventud creciente y tienden a una hermosura que sobrepasa cualquier noción de belleza accesible a nuestra vista. Su bondad y su caridad son lo que les da a ellas su forma y lo que les transmite su propia identidad, haciendo resplandecer el gozo y la belleza de la consideración en el rasgo más mínimo de su rostro, de manera que ellas se convierten en la consideración personificada. Algunas personas las han visto y se han quedado estupefactas. La forma de la consideración personificada que se ve en el cielo es así porque es la caridad misma la que da y la que recibe forma visible. Es más, lo hace de tal forma que el ángel entero, especialmente su rostro, es prácticamente la consideración misma que se aparece ante la percepción abierta. Cuando la gente contempla esta forma, su hermosura es indecible, afectando con caridad la vida más interior de la mente. En pocas palabras, envejecer en el cielo es rejuvenecer. Las personas que han vivido con amor al Señor y con consideración hacia el prójimo son formas como ésta, o bellezas como ésta, en la otra vida. Todos los ángeles son formas de este tipo, en una variedad infinita. Esto es lo que constituye el cielo.

LA INMENSIDAD DEL CIELO

La inmensidad del cielo del Señor se deduce de muchas de las cosas que ya hemos planteado, en especial del hecho de que el cielo proviene del género humano—y no sólo de aquella porción nacida dentro de la iglesia, sino también de la porción que queda fuera de ella—. Esto significa que el cielo incluye a todos aquellos que han vivido una vida buena desde los primeros tiempos de nuestro planeta.

Quien esté familiarizado con los continentes, las regiones y las naciones de este mundo tendrá idea de la multitud de gente que existe en todo el globo. Quien se adentre en las matemáticas del asunto descubrirá que miles y miles de personas mueren todos los días, lo cual viene dando cientos de miles o millones cada año; y esto ha estado sucediendo desde los tiempos más remotos, hace miles de años. Después de su muerte, toda esa gente ha llegado al otro mundo, llamado mundo espiritual, y todavía sigue llegando más.

No sabría decir cuántas de estas personas son o se están convirtiendo en ángeles del cielo. Se me ha dicho que la mayoría de las personas de la antigüedad se convirtieron en ángeles porque pensaban más profunda y espiritualmente y, en consecuencia, estaban envueltos en un afecto celestial. Sin embargo, en las épocas posteriores no hubo tantas personas como ésas porque con el paso del tiempo, nos fuimos haciendo más superficiales y empezamos a pensar más en el nivel natural, lo que significa que nos involucramos en afectos [y sentimientos] más mundanos.

Esto nos permite comprender desde un principio que el cielo es inmenso simplemente en razón del número de habitantes de este planeta.

Aparte de esto, también he hablado con los espíritus sobre el hecho de que la gente podría haberse dado cuenta de que hay más de una tierra en el universo por el hecho de que el cielo estelar es tan enorme. Existe en él un número de estrellas incomprensiblemente grande, y cada una de ellas es un sol como el nuestro en su propio lugar y en su propio sistema de diferentes magnitudes. Si la gente reflexionara cuidadosamente en esto, llegaría a la conclusión de que todo este universo tan vasto no puede ser más que un medio que persigue un fin, que es la meta de toda la creación: un reino celestial en el cual la Divinidad pueda habitar con los ángeles y con nosotros. El universo visible, el cielo decorado con un número incomprensible de estrellas que son todas soles, es en efecto sólo un medio para la producción de planetas habitados por personas que puedan constituir un reino celestial.

Teniendo todo esto en cuenta, las personas racionales no pueden evitar pensar que un medio tan vasto como éste, encaminado a semejante meta, no pudo haberse creado para un género humano de un solo planeta. ¿Qué tanto sería esto para un ser divino, un ser infinito, para el cual miles o cientos de miles de planetas—todos habitados por completo—, serían tan insignificantes que prácticamente no serían nada?

Haciendo un cálculo preliminar, si hubiera un millón de planetas en el universo con trescientos millones de personas en cada uno, y doscientas generaciones a lo largo de seis mil años, y si a cada persona o espíritu se le asignaran tres codos cúbicos, y si todas estas personas o espíritus se reunieran en un solo lugar, no llenarían siquiera el volumen de nuestra tierra: apenas algo más que un satélite de uno de los planetas. Esto ocuparía un espacio tan pequeño en el universo que apenas sería visible, puesto que difícilmente podemos ver esos satélites a simple vista. ¿Qué sería esto para el Creador del universo, para quien no sería demasiado que el universo entero se llenara? Porque el Creador es infinito.

He hablado sobre esto con ángeles y me han dicho que piensan más o menos lo mismo acerca de cuán pequeño es el número de seres humanos en comparación con la infinidad del Creador. Sin embargo, ellos no piensan en términos de espacio, sino de estados; a su modo de ver, independientemente de cuántas decenas de millares de planetas pueda uno concebir, siguen siendo nada en absoluto para el Señor.

Debido a que toman algunos pasajes de la Palabra en su sentido literal, algunas personas creen que el cielo no es vasto, sino pequeño. Por ejemplo, hay pasajes que dicen que sólo los pobres serán admitidos en el cielo, o solamente los elegidos, o sólo los que pertenecen a la iglesia y no los que no pertenecen a ella, o únicamente aquellos por los que el Señor intercede, o que el cielo se cerrará cuando esté lleno, y que el tiempo para esto está predeterminado. Estas personas no entienden que el cielo nunca se cerrará; que no hay un tiempo predeterminado ni ningún número fijo; y que "los elegidos" son aquellos que viven vidas de bondad y verdad; que "los pobres" son aquellos que no han encontrado lo que es bueno y verdadero pero lo anhelan (también se les denomina "los que tienen hambre" a causa de ese anhelo).

Los que piensan que el cielo es pequeño por haber malentendido la Palabra, sólo pueden pensar que el cielo está en un único lugar donde se reúne a todos. Pero el hecho es que el cielo consta de comunidades incontables. Más aún, sólo pueden pensar que el cielo se les concede a los individuos por misericordia hacia ellos en especial y que por lo tanto consiste simplemente en la admisión y aceptación por buena voluntad. No se dan cuenta de que, por su misericordia, el Señor guía a todos aquellos que lo aceptan a él, y que quienes lo aceptan son los que viven de acuerdo con las leyes del designio divino, que son los preceptos del amor y la fe. No comprenden que el ser guiado por el Señor desde la infancia hasta el fin de la vida terrenal y luego por toda la eternidad es lo que significa en realidad la misericordia. ¡Si supieran que todos nacen para el cielo, que las personas admitidas en el cielo son las que aceptan el cielo dentro de sí mismos en este mundo, y que sólo los que no lo aceptan son excluidos!

Parte III

EL INFIERNO

EL SEÑOR GOBIERNA LOS INFIERNOS

En lo que se ha dicho anteriormente sobre el cielo, se ha aclarado en muchas ocasiones que el Señor es el Dios del cielo y que todo el gobierno de los cielos está en manos del Señor. La relación del cielo con el infierno y del infierno con el cielo es como la de dos opuestos que actúan uno en contra del otro, donde la acción y la reacción ocasionan un estado de equilibrio dentro del cual todo existe. Para que absolutamente todo se mantenga en este equilibrio, es necesario que el gobernante de uno sea también el gobernante del otro. Es decir, si el Señor mismo no controlara los ataques de los infiernos y refrenara su locura, el equilibrio se destruiría; y si el equilibrio fuera destruido, todo perecería.

A veces se me ha permitido percibir el aura de la falsedad malévola fluyendo del infierno. Era como un esfuerzo constante por destruir todo lo bueno y verdadero, unido a una cólera, una especie de rabia, por no poder lograrlo. En especial, era un esfuerzo por destruir la naturaleza divina del Señor, porque ésta es la fuente de todo lo que es bueno y verdadero.

Sin embargo, también he sentido un aura de verdad benévola procedente del cielo que servía para refrenar el furor del esfuerzo que emanaba del infierno, dando como resultando un equilibrio. Percibí que la única fuente de esta aura era el Señor, aunque parecía proceder de los ángeles del cielo. La razón por la cual procede solamente del Señor y no de los ángeles es que los mismos ángeles admiten que nada de lo que es bueno y verdadero procede de ellos, sino que todo procede del Señor.

No obstante, debo explicar brevemente cómo son gobernados los infiernos. En general, son gobernados por una efusión general del bien divino y de la verdad divina que procede de los cielos, la cual refrena y controla el esfuerzo general que fluye hacia fuera de los infiernos. Existe también un refrenamiento específico procedente de cada cielo y de cada comunidad celestial.

Específicamente, los infiernos son gobernados por medio de ángeles a los cuales se les da la capacidad de ver dentro de los infiernos y contener las locuras y disturbios que hay en ellos. A veces los ángeles son enviados allí, y su sola presencia restablece el orden.

No obstante, en general todas las personas que se encuentran en los infiernos están gobernadas por sus miedos, algunas de ellas por temores sembrados en este mundo y que aún están con ellas. Pero como estos miedos no son adecuados y se van debilitando gradualmente, están gobernadas a través del miedo al castigo, que es el recurso principal para prevenir que estas personas hagan el mal. Hay allí muchos tipos de castigos, más ligeros o más severos de acuerdo con el mal [que están refrenando]. Los espíritus relativamente malévolos casi siempre están en el poder, del que se han apoderado con su experiencia y astucia, y logran mantener a los demás en obediencia servil por medio de castigos y de los miedos que se originan en ellos. Estos espíritus dominantes no se atreven traspasar ciertos límites fijos.

Necesitamos comprender que la única manera de controlar los furores violentos de la gente que está en los infiernos es a través del miedo al castigo. No hay otro medio.

EL SEÑOR NO MANDA A NADIE AL INFIERNO: LOS ESPÍRITUS VAN POR SÍ MISMOS

Algunas personas albergan la idea de que Dios aleja su mirada de los seres humanos, los desdeña y los arroja al infierno, y que está enojado con ellos por su maldad. Algunas van más allá y hasta piensan que Dios castiga y lastima a la gente. Sustentan esta idea con en el sentido literal de la Palabra donde se dicen cosas como éstas, sin comprender que el sentido espiritual de la Palabra, el cual le da sentido a la letra, es totalmente diferente. Así, la verdadera doctrina de la iglesia, que se basa en el significado espiritual de la Palabra, enseña otra cosa: enseña que el Señor nunca aparta su cara de nadie ni rechaza a nadie, y no arroja a nadie al infierno, ni se enoja.

Toda persona de mente iluminada percibe esto mientras lee la Palabra, simplemente por el hecho de que el Señor es el bien mismo, el amor mismo y la misericordia misma. El bien mismo no puede causarle daño a nadie. El amor mismo y la misericordia misma no pueden rechazar a nadie, porque esto es contrario a la misericordia y al amor y, por lo tanto, contrario a la naturaleza divina misma. Por eso, los que piensan con una mente iluminada al leer la Palabra perciben claramente que Dios nunca se aparta de nosotros, y que, porque no nos abandona, se comporta con nosotros con bondad, amor y misericordia. Es decir, quiere lo mejor para nosotros, nos ama y se apiada de nosotros.

Podemos deducir de esto que nosotros obramos mal a causa del infierno y obramos bien a causa del Señor. No obstante, como pensamos que todo lo que hacemos proviene de nosotros mismos, el mal que hacemos se adhiere a nosotros como si fuera nuestro. Por eso somos nosotros los culpables de nuestra maldad, nunca el Señor. El mal dentro de nosotros es el infierno dentro de nosotros, pues es lo mismo decir "maldad" que "infierno". Como somos culpables de nuestra maldad, somos nosotros mismos los que nos conducimos al infierno, no el Señor. Lejos de llevarnos al infierno, el Señor nos libera de él en la medida en que ni nos propongamos ni amemos ser absorbidos en nuestro mal. Toda nuestra volición y todo nuestro amor permanecen con nosotros después de la muerte. Aquellos que se han propuesto hacer el mal y lo han amado en el mundo, aman y se proponen hacer el mal en la otra vida; entonces ellos mismos ya no permiten ser apartados de él. Por eso los que están inmersos en el mal están vinculados con el infierno y en realidad están allí en espíritu; después de la muerte ansían ante todo estar donde está su mal. Así es como, después de la muerte, somos nosotros mismos, no el Señor, quienes nos arrojamos al infierno.

Debo mencionar cómo ocurre esto. Cuando llegamos a la otra vida, al principio se encargan de nosotros los ángeles que hacen todo por nosotros y que también nos instruyen sobre el Señor, el cielo y la vida angelical, y nos ofrecen instrucción en lo que es bueno y verdadero. Pero si nosotros, como espíritus, somos de ese tipo de personas que se han familiarizado con estas cosas en este mundo, pero las han negado o rechazado en el corazón, entonces después de conversar con los ángeles deseamos apartarnos de ellos e intentamos irnos. Cuando los ángeles notan esto, se apartan de nosotros. Después de pasar alguna temporada con varias otras personas, llegamos a relacionarnos con las que se dedican a males semejantes. Al ocurrir esto, nos estamos apartando del Señor y estamos tornando la cara hacia el infierno—al cual nos habíamos unido en el mundo—, donde viven todos aquellos que están inmersos en el mismo amor al mal.

Podemos ver con esto que el Señor está guiando a cada espíritu hacia sí mismo por medio de los ángeles y de una afluencia del cielo, pero que los espíritus que están dedicados al mal se resisten con tenacidad y prácticamente se arrancan del Señor. Su mal—es decir, el infierno—los jala hacia el infierno como si fuera una cuerda atada a ellos. Y puesto que sienten su atracción y desean seguirlo porque aman el mal, se sigue que ellos mismos se arrojan libremente al infierno.

Es difícil creer esto en el mundo debido a las ideas que la gente tiene del infierno. De hecho, ni siquiera en la otra vida parece ser así.

Los espíritus malos son castigados severamente en el mundo de los espíritus para mantenerlos aterrados de hacer el mal. Esto también parece venir del Señor, pero ningún castigo proviene de él. Proviene del mal mismo, porque un mal está tan íntimamente unido a su castigo que no se pueden separar. La horda infernal no ansía ni ama nada tanto como infligir daño, especialmente castigando y torturando a otros; y, en efecto, sí daña y castiga a quienes no están protegidos por el Señor. Entonces, cuando un corazón malvado está haciendo algún mal, y puesto que éste rechaza toda protección del Señor, los espíritus malos atacan al malhechor y lo castigan.

Hasta cierto punto, esto se puede ilustrar con las maldades y sus castigos en el mundo, donde también ambos están unidos. Aquí las leyes asignan una pena a cada delito, de modo que quien se hunde en el mal también se hunde en su castigo. La única diferencia es que en el mundo el mal se puede ocultar, cosa que no es posible en la otra vida.

Podemos concluir, pues, que el Señor no le causa daño a nadie. Es igual en este mundo. Ni el rey, ni el juez, ni la ley son realmente responsables del castigo de la culpabilidad, porque no son responsables del mal del criminal.

TODOS LOS QUE ESTÁN EN LOS INFIERNOS ESTÁN ABSORTOS EN MALDADES Y EN SUS CONSECUENTES FALSEDADES DEBIDO AL AMOR A SÍ MISMOS Y AL MUNDO

Vistos bajo cualquier luz del cielo, todos los espíritus de los infiernos aparecen con la forma de su propio mal. Cada uno es, en efecto, una imagen de su mal, puesto que en cada individuo las naturalezas interior y exterior actúan como una unidad, y los elementos más profundos se presentan a la vista en los elementos exteriores: en la cara, el cuerpo, el habla y el comportamiento. Por eso, con sólo mirarlos se puede saber cómo son. En general, son formas de desprecio por los demás, amenazas contra aquellos que no los reverencian; son formas de distintos grados de odio, y de distintos tipos de venganza. El salvajismo y la crueldad se muestran desde adentro.

Sin embargo, debe saberse que los espíritus infernales se ven así a la luz del cielo, pero que se ven como humanos entre ellos. Éste es un don de la misericordia del Señor, para que no se vean tan repulsivos el uno al otro como se ven ante los ángeles. No obstante, esta apariencia es engañosa, puesto que al momento en que un solo rayo de luz del cielo penetra en los infiernos, esas formas humanas se transforman en las formas monstruosas que son en esencia, las formas recién descritas, porque bajo la luz del cielo todo se ve tal como es en realidad. Ésta es otra de las razones por las cuales evitan la luz celestial y se arrojan a su propia iluminación, una iluminación que es como brasas al rojo vivo o, en algunos lugares, como azufre en combustión. Sin embargo, esa luz se convierte en absoluta obscuridad cuando fluye un rayo de luz del cielo. Por eso se describe a los infiernos como si estuvieran en penumbra y tinieblas, y a esto se debe que las tinieblas y la obscuridad signifiquen los tipos de distorsiones malévolas características del infierno.

Al principio me preguntaba por qué son tan diabólicos el amor por sí mismo y por el mundo; por qué los que están en ellos se ven tan espantosos. Después de todo, en el mundo apenas le damos importancia al amor por uno mismo. Nos fijamos solamente en esa hinchazón exterior llamada orgullo, y creemos que es el único amor por uno mismo por lo visible que es. No sólo eso: si ese amor por uno mismo no se expresa como orgullo, entonces nosotros los del mundo pensamos que es el fuego vital, que nos impulsa a trabajar para obtener una posición elevada y para hacer cosas constructivas. Creemos que si no viéramos ninguna esperanza de conseguir honor y gloria con tales esfuerzos, nuestro espíritu se quedaría aletargado. La gente pregunta: "¿Quién haría algo

decente o útil o extraordinario si no fuera para recibir ala-
banzas y el respeto de otros, [abiertamente] o en su pensamiento? ¿Y de dónde viene esto si no es del fuego de la pasión
por la gloria y la estimación, es decir, por interés personal?"
Es por esto que en el mundo la gente no comprende que en
sí, el amor por uno mismo es el amor que rige en el infierno
y que crea el infierno dentro de nosotros.

Puesto que así es, en efecto, quisiera describir primera-
mente lo que es el amor a uno mismo, y luego explicar que
todo lo malo y falso surge de este amor.

El amor por uno mismo es buscar el bien sólo para sí
mismo y no para otros, a menos que sea para beneficio propio: no para beneficio de la iglesia, ni del país, ni de alguna
comunidad humana. Consiste en ayudarlos sólo para beneficio de la propia reputación, posición social y gloria. Mientras no podamos ver esto en los servicios que ofrecemos, nos
estaremos preguntando en el fondo: "¿A mí qué me importa?
¿Por qué he de hacerlo? ¿En qué me va a beneficiar a mí?"
Y entonces lo olvidamos. Vemos, pues, que quienes están
inmersos en el amor a sí mismos no aman ni a la iglesia, ni a
la patria, ni a la comunidad, ni ninguna actividad constructiva. Sólo se quieren a sí mismos. Su único placer consiste en
la propia gratificación; y puesto que el placer que proviene
del amor constituye la vida humana, su vida es una vida centrada en el yo. Una vida centrada en el yo es la que depende
de lo que reclamamos como nuestro y, en sí mismo, lo que
reclamamos como nuestro no es sino el mal.

Quienes se aman a sí mismos también aman a los suyos;
con "los suyos" me refiero específicamente a sus hijos y nie-
tos y, en términos más generales, a todos los que están aliados a ellos, a quienes llaman "su propia gente". Amar tanto a
los primeros como a los últimos es, en realidad, amarse a sí
mismos, porque consideran a los otros como si fueran parte
suya, y se concentran en sí mismos a través de los otros. Estos

"otros" que son considerados como si fueran suyos, incluyen a todos aquellos que los alaban, los reverencian y los adoran.

Siempre que nos concentramos en nosotros mismos por cualquier cosa valiosa que estamos haciendo, estamos completamente inmersos en nuestra imagen y, por lo tanto, en nuestro mal hereditario; porque estamos centrados en nosotros y no en lo que es bueno, en vez de fijarnos en lo que es bueno y no en nosotros. De este modo, con las actividades valiosas erigimos una imagen nuestra y no una imagen de lo Divino. La experiencia también me lo ha comprobado. Hay espíritus malos que viven a medio camino entre el norte y el oeste, debajo de los cielos, y que son particularmente aptos para inducir a los espíritus rectos a centrarse en su propio concepto del yo y, por lo tanto, en varios tipos de mal. Esto lo logran haciéndolos adentrarse en pensamientos acerca de sí mismos, ya sea de manera abierta con palabras de elogio y estima, o en forma encubierta al centrar sus sentimientos exclusivamente en sí mismos. En la medida en que lo logran, hacen que las personas rectas vuelvan la cara en la dirección opuesta al cielo y también nublan su entendimiento, haciendo surgir a los males que hay en su interés egoísta.

Si se toman en cuenta sus orígenes y su esencia, se puede ver que el amor por sí mismo y el amor al prójimo son opuestos. En las personas que están inmersas en el amor por sí mismas, el amor al prójimo comienza en el yo. Insisten en que todo el mundo es su prójimo; y partiendo de este punto central, salen a buscar a todos los que se alían con ellos, cada vez con menos intensidad según el amor que une a los otros con ellos. Consideran despreciable a toda persona que esté fuera de ese grupo, y enemigo a quien se oponga a sus maldades. No les importa si tales personas son en realidad sabias, rectas, honestas o justas.

Imaginemos una comunidad de personas como éstas, todas totalmente enamoradas de sí mismas, sin preocuparse por los demás a menos que estén aliados a ellas, y veremos claramente que su amor se asemeja al que se tienen los ladrones. En la medida en que actúan de acuerdo, se abrazan y se consideran amigos; pero una vez que dejan de cooperar y se resisten a su control, se atacan y se destrozan uno al otro. Si exploráramos su naturaleza profunda—su mente—, veríamos con toda claridad que sienten mutuamente el odio más virulento, que en el fondo ridiculizan todo lo justo y lo honesto, y hasta ridiculizan a la Deidad haciéndola de lado como algo que no vale nada. Esto se nota todavía más claramente en sus comunidades en los infiernos, que se describirán más adelante.

En términos generales, las maldades características de aquellos que se centran en el amor a sí mismos son el desprecio por los otros; la envidia; la enemistad hacia cualquiera que no esté de su parte, con la consiguiente hostilidad; diferentes tipos de odio; la venganza; la maña y el engaño; la dureza y la crueldad. En asuntos religiosos, esto se extiende no sólo en forma de desprecio por lo Divino y por los dones divinos que son los elementos verdaderos y buenos de la iglesia, sino también en forma de ira contra tales cosas, una ira que se transforma en odio cuando nos convertirnos en espíritus. Entonces, no sólo no podemos soportar oír acerca de tales cosas, sino que ardemos en odio contra todos los que reconocen y adoran lo Divino.

Por otra parte, el amor al mundo no está tan intensamente en contra del amor celestial, porque no tiene tantos males latentes en él.

El amor al mundo consiste en querer apropiarnos de la riqueza de otros por cualquier medio. Es desear de todo corazón la riqueza y permitir que el mundo nos distraiga del amor espiritual, que es el amor al prójimo y, por lo tanto, amor por el cielo y lo Divino.

Sin embargo, este amor toma muchas formas. Podemos amar la riqueza para ser llevados a rangos elevados simplemente porque amamos los rangos elevados. O podemos amar el rango elevado y una alta posición por avidez de riquezas. Podemos amar la riqueza a causa de los diversos placeres que ofrece en el mundo. O podemos amar la riqueza en sí misma —lo que es avaricia—, y muchas cosas más. Al objetivo de ser rico se le llama utilidad, y el objetivo o utilidad es lo que le da a un amor su calidad. Es decir, la calidad de un amor está determinada por el objetivo que pretende. Todo lo demás le sirve como un medio para ello.

EL FUEGO INFERNAL Y EL CRUJIR DE DIENTES

Hasta ahora casi nadie ha comprendido el significado del fuego eterno y del crujir de dientes que en la Palabra se les atribuye a las personas que se encuentran en el infierno. Esto se debe a que la gente piensa de modo materialista en las afirmaciones que leen en la Palabra, ignorando su significado espiritual. Entonces, algunos creen que el fuego es fuego material, otros que es tormento en general, otros que son los remordimientos de conciencia, otros que sólo son palabras que pretenden que sintamos en nuestro interior terror por el mal. Algunos piensan que el crujir de dientes se refiere a una especie de rechinamiento, otros que esto no es más que el escalofrío que sentimos al escuchar el crujir de dientes.

Sin embargo, quien esté familiarizado con el sentido espiritual de la Palabra puede comprender lo que son el fuego eterno y el crujir de dientes, puesto que hay un significado espiritual en cada expresión en la Palabra. Es decir, en el fondo, esto significa que la Palabra es espiritual, y el significado espiritual sólo se nos puede expresar en términos naturales, porque estamos en un mundo natural y pensamos a partir de lo que hallamos en él.

Para nosotros, los seres humanos, el calor espiritual es el calor de la vida, porque como ya se ha observado es esencialmente amor. Este amor es lo que significa el fuego en la Palabra. El fuego celestial significa el amor al Señor y al prójimo, y el fuego infernal significa el amor a sí mismo y al mundo.

El fuego o el amor infernal tiene el mismo origen que el fuego o el amor celestial: el sol del cielo o el Señor. No obstante, es transformado en fuego infernal por las personas que lo reciben, pues todo influjo del mundo espiritual varía de acuerdo a cómo es recibido o de acuerdo a las formas en las que fluye. Lo mismo pasa con el calor y la luz del sol del mundo. El calor que fluye de esta fuente a los bosques y a los macizos de flores produce la vegetación y aromas suaves y agradables. Si el mismo calor fluye en el estiércol o en la carroña, produce descomposición y una fetidez repugnante. De igual manera, la luz del mismo sol sobre un objeto produce colores hermosos y encantadores, mientras que en otro produce colores feos y desagradables. Es lo mismo con el calor y la luz del sol celestial, que es el amor. Cuando ese calor o amor fluye en recipientes buenos, como las personas y los espíritus buenos, o los ángeles, hace que su bondad sea fértil; en cambio, cuando fluye en personas malvadas tiene el efecto opuesto. Sus maldades o lo sofocan o lo distorsionan. Así mismo, cuando la luz celestial fluye en las percepciones verdaderas de la buena voluntad, produce inteligencia y sabiduría; pero cuando fluye en forma de distorsiones maliciosas, se transforma allí en locura y en diversos tipos de ilusiones. Todo depende de la recepción.

Sin embargo, debe saberse que las personas en los infiernos no están realmente en medio de las llamas. El fuego es una apariencia. En realidad no sienten ninguna quemadura, sólo el tipo de calor que conocían en el mundo. La razón por la que parece ser fuego es la correspondencia, puesto que el amor corresponde al fuego, y todo lo que vemos en el mundo de los espíritus toma su forma visible de esta correspondencia.

Ahora bien, el crujir de los dientes es el conflicto constante y la lucha de las convicciones falsas una contra la otra (y por lo tanto la guerra de los individuos que mantienen esas convicciones falsas), unidos al desprecio por todos, la hostilidad, el escarnio, la burla y la blasfemia. Éstos llegan incluso a estallar en varios tipos de carnicerías. Todos allí defienden sus propias convicciones falsas, llamándolas verdaderas. Desde afuera de los infiernos, estos conflictos y batallas suenan como crujidos de dientes, y se transforman en crujir de dientes cuando las verdades del cielo fluyen dentro del infierno.

Todos aquellos que reconocieron a la naturaleza y que rechazaron lo Divino habitan en estos infiernos. Quienes deliberadamente se convencieron de ello están en los infiernos más profundos. Como no pueden aceptar ningún rayo de luz del cielo y por lo tanto no pueden ver nada dentro de ellos mismos, la mayoría se centra en sus sentidos y en su cuerpo. Éstas son las personas que no creen en nada que no puedan ver con los ojos y tocar con las manos. Por eso, toda ilusión sensorial les parece la verdad y en ella basan sus argumentos. De ahí que sus argumentos suenen como el crujir de dientes. Por eso en el mundo espiritual todas las declaraciones falsas rechinan, y los dientes corresponden a los aspectos más exteriores de la naturaleza y a nuestra naturaleza más exterior, que tiene que ver con nuestros sentidos y nuestro cuerpo.

LA MALICIA Y LAS INDECIBLES HABILIDADES DE LOS ESPÍRITUS INFERNALES

Cualquiera que piense profundamente y sepa algo acerca de cómo funciona la mente humana puede ver y comprender cuán significativamente superiores son los espíritus respecto a otra gente. En un minuto podemos considerar, examinar y decidir mentalmente más de lo que podemos expresar hablando o escribiendo en media hora. Esto nos muestra cuánto mejores somos cuando estamos en el espíritu y, por consiguiente, cuando nos convertimos en espíritus, puesto que es el espíritu el que piensa y el cuerpo es lo que el espíritu utiliza para expresar sus pensamientos por medio del habla o de la escritura.

Por eso las personas que se convierten en ángeles después de la muerte tienen acceso a una inteligencia y sabiduría indescriptibles en comparación con la inteligencia y la sabiduría que tenían mientras vivían en el mundo. Durante su vida terrenal, sus espíritus estaban confinados en un cuerpo y, por ese medio, se hallaban en el mundo natural. Cuando el espíritu pensaba espiritualmente, los pensamientos fluían en forma de conceptos naturales que son relativamente generales, burdos e indefinidos. Esto significa que no están abiertos a los innumerables elementos característicos del pensamiento espiritual. También los sumergían en la espesura de las preocupaciones mundanas. Es diferente una vez que el espíritu ha sido liberado del cuerpo y ha llegado a su propio estado espiritual, lo que ocurre cuando pasa del mundo natural al mundo espiritual que es apropiado para él.

El nivel de sabiduría e inteligencia de los ángeles es equivalente al nivel de malicia y maña de los espíritus infernales. El asunto es mas o menos igual para ambos, porque una vez que el espíritu humano es liberado del cuerpo se dedica por entero a su virtud o a su vicio. Un espíritu angelical se dedica a su virtud y un espíritu infernal, a su vicio. Esto significa que, así como los espíritus angelicales piensan, desean, hablan y actúan basados en su bien, así los espíritus infernales hacen lo mismo basados en su mal. No era así mientras vivían en la carne porque entonces la malicia de su espíritu estaba bajo las restricciones que se aplican a todos por la ley, o por dinero, posición social, reputación y el miedo de perder estas cosas. En consecuencia, el mal de su espíritu no podía liberarse y mostrarse tal cual era. Además, el mal de su espíritu acechaba oculto bajo velos de integridad, de honradez, de justicia y de afecto por lo que es verdadero y bueno, cualidades que tales personas presentaban y simulaban en su habla por razones mundanas. Todo este tiempo, el mal permanecía tan oculto y tan velado que ellos mismos apenas sabían que había tanta malicia y astucia en su espíritu, las cuales, por lo tanto, eran intrínsecamente los verdaderos demonios en que se convertirían después de la muerte, cuando su espíritu se independizara y mostrara su propia naturaleza.

La clase de malicia que surge entonces no podría creerse. Hay miles de cosas que brotan del mal mismo, incluso algunas cuya descripción queda más allá de la capacidad de expresión de las palabras de cualquier idioma. Se me ha permitido, a base de muchas experiencias, aprender y hasta observar cómo son, porque el Señor me ha concedido estar en el mundo espiritual conforme a mi espíritu a la vez que estaba yo en el mundo natural conforme a mi cuerpo. Esto puedo testificar: la maldad de aquellos espíritus es tan grande que no se podría describir ni una milésima parte de ella. Lo que es más, si el Señor no nos protegiera, nunca nos podríamos escapar del infierno; pues con cada uno de nosotros hay espíritus del infierno y ángeles del cielo. Además, el Señor no nos puede proteger si no reconocemos lo Divino y llevamos una vida de fe y de caridad. De lo contrario, nos desviamos del Señor y nos dirigimos hacia los espíritus infernales, y entonces quedamos absorbiendo, en espíritu, ese mismo tipo de malicia. Aun así, el Señor nos está apartando constantemente de los males que asimilamos y que atraemos por asociarnos con esos espíritus, y nos conduce—si no por medio de las restricciones interiores que impone la conciencia, (las cuales no aceptamos si rechazamos lo Divino)—entonces por medio de las restricciones exteriores ya mencionadas: el miedo a las leyes y a sus castigos, a la pérdida de dinero, y a ser despojados de la posición social y reputación. Se puede alejar a tales personas de sus maldades por medio de los deleites de su amor y del miedo de perder o ser despojados de esos deleites, pero no se les puede conducir hacia las virtudes espirituales, pues en la medida en que se les conduce a ellas, las transforman en engaños y artimañas, simulando ser buenos, honestos y de criterio

justo para así persuadir y engañar a los demás. Este engaño se
le agrega a la maldad de su espíritu y le da forma, dándole su
propia naturaleza al mal.

EL ASPECTO, LA UBICACIÓN, Y EL NÚMERO DE LOS INFIERNOS

En el mundo espiritual (el mundo donde habitan los espíritus
y los ángeles) todo so ve más o menos igual que en el mundo
natural en el que vivimos, a tal grado que a primera vista no
parece haber ninguna diferencia. Se ven allá llanuras, montañas, colinas y acantilados con valles entre ellos; se ven masas
de agua y muchas cosas más que encontramos en la tierra.
Sin embargo, todas tienen un origen espiritual, por lo que son
visibles a los ojos de los espíritus y de los ángeles pero no a
los nuestros, porque nosotros estamos en un mundo natural.
Las personas espirituales ven cosas que vienen de una fuente
espiritual, y las personas naturales ven cosas que provienen
de una fuente natural. Esto significa que no hay modo de que
nuestro ojos vean las cosas del mundo espiritual, a no ser que
se nos permita estar ahí en espíritu, o hasta que nos convir-
tamos en espíritu después de morir. Por otra parte, los ángeles y los espíritus son totalmente incapaces de ver cosas del
mundo natural, a menos que estén con alguno de nosotros a
quien se le haya dado permiso de hablar con ellos. Nuestros
ojos están adaptados a la luz del mundo natural, y los ojos
de los ángeles y de los espíritus están adaptados a la luz del
mundo espiritual; sin embargo, los dos tipos de ojos se ven
exactamente iguales.

Las personas naturales no pueden comprender que el
mundo de los espíritus sea así, y las que están centradas en
los sentidos lo comprenden aún menos, puesto que son seres
que no creen en nada que no puedan ver con los ojos físicos
y que no puedan tocar con las manos. Esto significa que sólo
creen en lo que pueden percibir por medio de la vista y del

tacto y que su pensamiento se basa en esto; en consecuencia, su pensamiento es material, no espiritual.

Debido a esta semejanza entre el mundo espiritual y el natural, a la gente le resulta difícil comprender después de su muerte que ya no están en el mundo donde nacieron, el mundo que acaban de dejar atrás; entonces llegan a considerar que la muerte no es más que el paso de un mundo a otro igual.

Los infiernos no son visibles [para los ángeles en los cielos ni para los espíritus en el mundo de los espíritus] porque están encerrados. Lo único que se puede ver son las entradas, llamadas "puertas", cuando se abren para admitir a espíritus como los que ya están allí. Todas las puertas que dan entrada a los infiernos se abren desde el mundo de los espíritus, ninguna desde el cielo.

Hay infiernos por todas partes. Están debajo de las montañas, las colinas y los acantilados, y bajo los llanos y los valles. Las aberturas o las puertas a los infiernos que se hallan debajo de las montañas, las colinas y los precipicios se ven a primera vista como grietas o fisuras en las rocas. Algunas de ellas son bastante amplias y abiertas; otras son estrechas y reducidas, llenas de lugares escabrosos. Al mirar adentro, todos estos lugares se ven oscuros y en tinieblas, aunque los espíritus infernales que viven allí tienen el tipo de iluminación que dan las brasas de carbón. Sus ojos se han adaptado a la recepción de este tipo de luz, porque cuando vivían en el mundo, estaban en la obscuridad respecto a las verdades divinas por haberlas rechazado. Estaban rodeados de una especie de luz correspondiente a sus falsas convicciones porque las afirmaban, lo cual dio forma a la vista que tienen ahora. También es por eso que la luz del cielo es para ellos obscuridad, de modo que cuando salen de sus cuevas no pueden ver nada. Esto demuestra con toda claridad que llegamos a la luz celestial en la medida en que hemos reconocido lo Divino y hemos con-

firmado dentro de nosotros los valores del cielo y de la iglesia. Y llegamos a la oscuridad del infierno en la medida en que
hayamos negado lo Divino y confirmado dentro de nosotros
los valores opuestos a aquellos del cielo y de la iglesia.

Se me ha permitido examinar los infiernos y ver cómo
son por dentro, pues cuando le place al Señor, un espíritu o
un ángel que esté arriba puede explorar visualmente los abis-
mos y examinar su naturaleza sin ninguna obstrucción. También se me ha permitido explorarlos de esta manera. Algunos
de los infiernos me parecían como cuevas y cavernas que llevaban a precipicios y luego se dirigían hacia abajo oblicua o
verticalmente.

Algunos de estos infiernos eran como madrigueras o gua-
ridas de animales salvajes en los bosques; otros se parecían a
las cámaras o criptas abovedadas que hay en las minas, con
túneles o cavernas que conducen hacia abajo. Muchos de los
infiernos son triples. Los que son menos profundos se ven
tenebrosos por dentro porque a las personas que están allí
les gustan las distorsiones maliciosas. Pero los infiernos más
profundos parecen estar en llamas porque sus habitantes
están dedicados a la maldad misma. En realidad, la obscuridad corresponde a las distorsiones maliciosas y el fuego a la
maldad en sí. Es decir, aquellos que están en los infiernos más
profundos son los que obraron desde niveles más profundos del mal, mientras que aquellos que están en los infiernos
menos hondos obraron desde un nivel más superficial del
mal, es decir, a base de sus distorsiones maliciosas.

En algunos infiernos se ve lo que parecen ser ruinas de
casas o de ciudades después de un incendio, donde viven y se
ocultan los espíritus infernales.

En los infiernos menos severos se ven chozas rudimen-
tarias, a veces agrupadas en algo como una ciudad, con callejones y calles. En estas casas hay espíritus infernales que viven
en medio de constantes disputas, hostilidades, golpes y vio-

lencia. Las calles y los callejones están llenos de ladrones y atracadores.

En algunos infiernos no hay nada más que prostíbulos, de aspecto repugnante y llenos de todo tipo de suciedad y de excremento.

También hay bosques obscuros donde los espíritus infernales vagan como animales salvajes; y hay ahí cuevas subterráneas en donde se esconden cuando se sienten amenazados por otros. Luego hay áreas desiertas en las que todo es infértil y arenoso, con barrancas aquí y allá dotadas de cuevas, y también salpicadas con algunas chozas. Se exilia a las personas del infierno a estos lugares apartados si han sufrido hasta su límite, en especial a aquellas que en el mundo tenían más astucia que los demás en la habilidad de la manipulación deliberada y del engaño. Éste es el tipo de vida que les espera.

Al igual que con todo lo bueno, hay una variedad infinita en todo lo malo. No comprenden esto aquellos que sólo tienen conceptos simplistas de males particulares como el desprecio, la hostilidad, el odio, la venganza, el engaño, y tantos otros; pero deberían comprender que cada uno de éstos contiene tantas formas distintivas (cada una de la cuales contiene también sus propias formas distintivas o particulares), que todo un libro no sería suficiente para enumerarlas. Los infiernos están tan claramente organizados de acuerdo con las características distintivas del mal de cada uno, que nada podría estar ordenado de manera más definida y clara. Podemos deducir de esto que son incontables, ya sea que estén muy cercanos entre sí o muy alejados el uno del otro, según las diferencias generales, específicas y particulares entre sus males.

EL EQUILIBRIO ENTRE EL CIELO Y EL INFIERNO

Hay un equilibrio constante entre el cielo y el infierno. Un esfuerzo por hacer el mal emana sin cesar desde el infierno hacia lo alto, y un esfuerzo por lograr el bien emana constantemente desde el cielo hacia abajo. El mundo de los espíritus está en este equilibrio.

La razón de que el mundo de los espíritus esté en tal equilibrio es que después de la muerte entramos primero en el mundo de los espíritus y ahí se nos mantiene en el mismo estado que teníamos en el mundo. Esto no podría pasar si no hubiera allí un equilibrio perfecto. Esto permite que se examine a todos en cuanto a su calidad, puesto que conservamos la misma clase de libertad que teníamos en el mundo. El equilibrio espiritual es un estado de libertad para nosotros y para los espíritus.

Todo en los cielos y en los infiernos está ordenado de tal manera que cada individuo que se encuentre allí está en un equilibrio personal. Podemos deducir esto en alguna medida de lo que ya se ha presentado respecto a los cielos y los infiernos. Es decir, todas las comunidades del cielo están diferenciadas con gran precisión de acuerdo a los géneros y las especies de su bondad, y todas las comunidades del infierno, según los géneros y las especies de sus males. Además, debajo de cada comunidad del cielo hay una comunidad infernal correspondiente a ella, y esta correspondencia opuesta brinda un equilibrio. Entonces el Señor está asegurando constantemente de que la comunidad infernal que se halle debajo de cualquier comunidad celestial no se vuelva demasiado fuerte. En la medida en que una empiece a hacerse demasiado fuerte, se le somete por varios medios y se le devuelve a su equilibrio apropiado. Sólo mencionaré algunos de los muchos medios. Algunos entrañan una presencia más fuerte del Señor. Otros suponen una comunicación más estrecha y la unión de una o más comunidades con otras. Otros incluyen el exilio de los espíritus particularmente infernales a lugares desiertos, y otros, la transferencia de un infierno a otro, o quizá la reorganización de la gente de los infiernos, que también se logra de diferentes maneras. Algunos medios suponen el ocultamiento de ciertos infiernos bajo capas más gruesas y pesadas, o su traslado a lugares más hondos. También existen otras maneras, algunas de las cuales implican a los cielos que están sobre los infiernos.

Menciono esto para que se comprenda en alguna medida el hecho de que solamente el Señor mantiene en todos lados un equilibrio entre el bien y el mal, y por lo tanto entre el cielo y el infierno. La salvación de todos los que están en los cielos y en la tierra depende de tal equilibrio.

Lo que he estado diciendo en este libro sobre el cielo, el mundo de los espíritus y el infierno va a resultar oscuro para quienes no encuentran ningún deleite en conocer las verdades espirituales; pero será claro para quienes sí tienen tal deleite, especialmente para las personas que están inmersas en el afecto a la verdad por sí misma, es decir, las personas que aman la verdad por ser la verdad. Cualquier cosa que es amada entra luminosamente en los conceptos de nuestra mente, sobre todo cuando lo que se ama es verdadero, porque toda verdad está en la luz.